Cahier d'Exercices

Thème et Variations

Cahier d'Exercices

Thème et Variations

Michio P. Hagiwara
University of Michigan

John Wiley & Sons, Inc.

New York • Santa Barbara • London • Sydney • Toronto

ISBN 0 471 33881 8
Printed in the United States of America

10 9 8 7 6 5

TABLE OF CONTENTS

INTRODUCTION: Learning French with *Thème et Variations*

The basic components of *Thème et Variations* are the textbook, the workbook, and the laboratory tapes. The workbook contains tally sheets on which you record your progress with the exercises in the text and tapes; it also presents two new exercises—the *Compréhension auditive* and the *Exercices écrits*. Here is a description of the several types of exercise, reading, and grammatical materials in the program, with suggestions of ways to study them.

1. *Conversations* (printed in the text, recorded on the tapes, tally sheet in the workbook)

The *conversations,* or mini-dialogues, at the beginning of each lesson in the textbook will be used for several kinds of practice in the classroom. They are recorded on the tapes, so you can practice them in the laboratory either before or after they are presented in the classroom.* Whenever you practice a *conversation* in the laboratory, place a checkmark in the appropriate tally sheet box (   ). For the first lesson, the tally sheet appears on workbook page 19. English equivalents of the *conversations* are found in workbook Appendix C, pages 173–208. These equivalents will be of use to some students as a prompter for learning and review.

2. *Exercices oraux* (printed in the text, selectively recorded on the tapes, tally sheet in the workbook)

Most of the oral exercises will be worked in class. One type of exercise requires structural manipulations and has predictable responses. Another type consists of questions whose answers differ for each individual. It will be to your advantage to go over the second type carefully and think of possible answers to give your instructor or classmates.

You are expected to look up the meaning of new words occurring in the exercises, and to read the grammar explanations at home before attending the class for which the exercises have been scheduled.

About 60% of the oral exercises are available on tape. Exercises recorded as they appear in the text are marked with a tape symbol: ⊚ 2.1 A. Exercises that have been modified for recording are marked with a modified tape symbol: ⊘ 2.4 A. Whether or not these exercises are completed in class, they should always be performed afterwards in the language laboratory.

Each item of the recorded exercises is recorded in the following manner:

Item Number → Question and/or Cue → (pause) → Correct Answer → (pause)

You give your answer during the first pause, then listen to the correct answer on the tape and compare it with your own.

The workbook contains tally sheets to help you keep track of your performance on *Exercices oraux*. The tally sheet for the first lesson (workbook page 19) begins like this:

1.1   B

This is a repetition exercise. The individual items of repetition exercises are not numbered on the tally sheet. Only the exercise identification letter is given.

The next item on the tally sheet for the first lesson is as follows:

1.1   C   1   2   3   4   5   6   7   8

The consecutive numbers after the exercise identification letter correspond to the item numbers of the exercise as they appear in the textbook.

For most exercises, you will not need to bring your textbook to the laboratory. (For a few exercises, however, you will need to consult pictures from the text that are not duplicated in the workbook.) The exercises should always be performed without the aid of the printed text. Listen to the directions on the tape, answer in the pause provided, listen to the answers recorded on the tape. If you have made an error, circle or check the item number on your tally sheet. After the laboratory session, look up in the textbook the

---

*Some of the *conversations* involve questions about a drawing. These questions are not recorded, but the vocabulary they employ is recorded for pronunciation practice.

sentences you missed. When you review for a test, pay special attention to these sentences. If you have made a large number of errors in an exercise, run through the entire exercise again.

3. *Application* (printed in the text, selectively recorded on the tapes, two tally sheets in the workbook—for oral work (near the beginning of the lesson), and for written work (at the end of the lesson). The *Application* provides opportunities to apply in extended natural contexts theme-centered vocabulary that has been presented in *Conversations* and *Exercices oraux.* Your instructor will select specific activities for homework assignment. You should use a loose-leaf notebook for written answers to all assigned work from *Application.* Write one exercise on each sheet so that you can hand it to the instructor when so requested. The last section of each workbook lesson provides a checklist to help you keep track of what assignments you have done on separate sheets. The main types of *Application* exercises are described below.

3.1 *Dialogue et questions*

On the tape, the dialogue is recorded twice. The first recording is without pauses, for general listening practice. The second is with pauses for your repetition. The questions about the dialogue and the correct answers are recorded in the same way as the *Exercices oraux.* It is recommended that you work with the tape before rather than after class recitation of the dialogue. English equivalents of the dialogues are in workbook Appendix C.

3.2 *Expressions utiles*

This section supplies a list of useful words and phrases for a given topic. More than one-third of these expressions occur in the preceding parts of the lesson, and they are used extensively in the remainder of the *Application.* The entire list is recorded on the tape for pronunciation practice when the *Conversations* consist of questions about a drawing, rather than mini-dialogues. Appendix C presents English equivalents of all *Expressions utiles.*

3.3 *Posez des questions*

Certain words and phrases are underlined in a story; you replace them with appropriate "question words" (interrogative adjectives, adverbs, or pronouns) in order to make up questions. Here are examples of this kind of exercise in English:

My brother speaks French.
→ *Who speaks French?*
I saw *your book* on the table.
→ *What did you see on the table?*
We went to the movies *yesterday*.
→ *When did you go to the movies?*
I went *to the library*.
→ *Where did you go?*

You replace the underlined word or words with the corresponding question word, and make up a question for which the original sentence constitutes the answer. After Lesson 15, the exercise appears in reversed form as one of the exercises accompanying the *lecture:* You read the text carefully and find a word, phrase, or fact that complements the question word which is supplied.

3.4 *Complétez le passage*

These stories consist of numbered "dehydrated" sentences. You "reconstitute" them by adding the necessary grammatical items and making any other necessary changes. (There may be slight variations from one student's version to another's.) Typical grammatical operations involve (a) choosing the correct verb tenses and moods, (b) making the subject and verb, or the nouns and adjectives, agree, (c) placing the negative words in the correct places, and (d) supplying the missing articles, prepositions, and conjunctions. Here is an example of a dehydrated sentence and its reconstituted version in English:

This/girls/not/go/movies/yesterday/because/they/be/busy.
These girls did not go to the movies yesterday because they were busy.

3.5 *Jouez des rôles; Faites une description; Composition*

Beginning with Lesson 2, the *Application* includes a short dialogue and/or a composition to be prepared. If it is a dialogue, you develop it along the lines of the brief descriptive passage provided in the text. If you are to write a composition, you incorporate into it your answers to the provided set of questions relating to the topic. In both cases, you will need to add your own details. Avoid preparing it from an outline or from sentences written out in English, since this would often result in your writing sentence patterns that are unacceptable in French. Try to remain within the framework of the grammar you have learned, and utilize as many of the new vocabulary items as possible.

3.6 *Complétez le dialogue*

In some lessons there is a short dialogue with one person's part missing. You supply the missing sentences as best you can by examining what the other speaker says before and after the missing part.

3.7 *Renseignements et opinions*

These questions make use of the structures and vocabulary you have learned in the entire lesson. They are designed to elicit simple information about your daily activities or your opinion about a topic, providing a point of departure for brief conversations between you and the instructor or a classmate. You will need to prepare at least a list of words and phrases you will use in your answers.

3.8 *Lecture*

Beginning with Lesson 15, reading selections appear at the end of *Application* which expand upon the theme of the *dialogue* and discuss aspects of French culture. Try not to translate every word in order to understand a passage. Read the passage once rapidly for general comprehension; then read it again while underlining the words and expressions you do not know. After looking up their meaning in the footnotes and end vocabulary, read the passage once more, making sure that the meaning is clear to you. If there are still any phrases you do not understand, ask your instructor about them in class.

4. *Explications* (in the text)

The grammar explanations have been placed toward the end of each lesson in order not to break up the continuity of the *Conversations, Exercices oraux,* and *Application*—all of which are in French. The explanations are intended for you, and they should be read at home *prior to* doing the oral exercises in class. Study the explanations and read each example aloud. If you have any questions, jot them down and ask your instructor about them.

5. *Vocabulaire* (in the text)

The vocabulary list at the end of each lesson includes all new words appearing in *Conversations, Exercices oraux,* and *Dialogue et questions.* Words occurring only in *Conversations* and *Dialogue et questions* are preceded by a small dot. Look up the meaning of all new words before class.

6. *Compréhension auditive* (recorded on the tapes, answer sheet in the workbook)

At the end of each tape there is a series of listening comprehension exercises based on *Conversations, Exercices oraux,* and *Application;* they are to be done in the laboratory after the corresponding parts in the text have been completed in class. The answer sheet is in every workbook lesson, and the scoring keys are in workbook Appendix A. If you are not sure why you made a mistake, ask your instructor to show you the recording script.

7. *Exercices écrits* (in the workbook)

For each grammar point explained in the text there is a writing exercise in the workbook. Writing exercises should be done at home after the corresponding oral exercises have been done in class. Many of the questions require individualized answers (you will have already encountered similar questions in the oral exercises). Typical answers are provided in workbook Appendix B so that you can compare them with your own.

8. *Exercices de prononciation* (printed in the text, recorded on the tapes, explanations of phonetics in the workbook)

These short pronunciation exercises are designed for use in class and in the language laboratory. Your instructor may do one or two at the beginning of each class period in the first few weeks of the semester. Thereafter, pertinent exercises may be reviewed when more work on specific sound features becomes necessary. You can also do these exercises in the laboratory. First, read the explanations of French phonetics at the beginning of the workbook; then listen to the tape and repeat each word or phrase, paying close attention to the way in which the sounds are represented in written language.

Below is a summary of your activities in terms of the main parts of the textbook, workbook, and tapes. Your instructor may modify the procedure outlined here and give you specific suggestions on how to proceed with your assignment.

Prononciation
   Before or after class: (Laboratory)

Conversations
   Before class: (At home) Make sure you understand the meaning of all the sentences.
   Before or after class: (Laboratory) Repeat after the tape.

Exercices oraux
   Before class: (At home) Study the *Explications* and *Vocabulaire.* Go over the exercises and make up answers.
   After class: (Laboratory) Practice the recorded exercises and do the matching *Compréhension auditive.*
   (At home) Do the corresponding *Exercices écrits.*

Dialogue et questions
   Before class: (At home) Write the answers to the questions.
   (Laboratory) Practice the dialogue and answer the questions orally.

Other *Application* Assignments
   Before class: (At home) Prepare the written homework.
   Before or after class: (Laboratory) Do the remainder of *Compréhension auditive.*

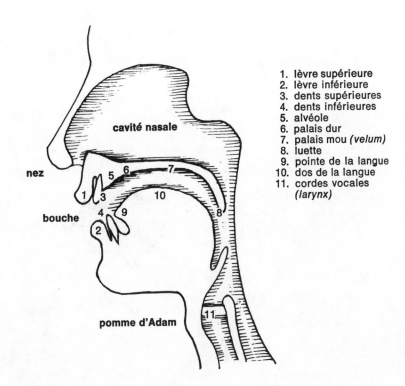

1. lèvre supérieure
2. lèvre inférieure
3. dents supérieures
4. dents inférieures
5. alvéole
6. palais dur
7. palais mou *(velum)*
8. luette
9. pointe de la langue
10. dos de la langue
11. cordes vocales
    (larynx)

PRONONCIATION FRANÇAISE[1]

1. ORTHOGRAPHE FRANÇAISE

One of the first things you need to know in your study of French is the sound-symbol association—how French sounds are pronounced and how they are spelled out in writing. Although it may not seem so at first, a more definite relationship exists in French between sounds, particularly vowels, and spelling than in English. The first section of the *Exercices de prononciation* presents some of the sounds and their typical spellings. Note the following:

(a) Word-final *c, r, f, l* are often pronounced:
avec, sec, au revoir, professeur (but not in *cahier*), *chef, neuf, journal, national*

(b) Other word-final consonants are silent, unless linked to the next word by "liaison" (liaison is discussed in Sections 13 and 14):
danſ, devanſ, saluſ, vouſ parleɀ

(c) An unaccented *e* at the end of a word means that the consonant before it is pronounced:
chaisȩ, classȩ, montrȩ, portȩ

2. RHYTHME ET ACCENT

In English, a word of two or more syllables has a heavy stress on one of the vowels: *vIsit, telEpathy, philosOphical,* and so on. Stress is very important in English because it helps to differentiate between words like *Import* (noun) and *impOrt* (verb), *bIllow* (verb) and *belOw* (preposition). Some vowels that do not receive a stress when pronounced tend to be blurred or dropped: *an(i)mal, b(e)lieve, mad(a)m,* and so forth.

In French, the last syllable of a phrase or a word pronounced in isolation receives a stress (it is more often a matter of lengthening the last vowel, rather than actually stressing it). All the preceding syllables are pronounced with more or less equal stress and duration. The "accent marks" in French spelling have nothing to do with stress; they merely indicate the type of vowels used in a word (as in **élève, élevé; cède, cédé**), or distinguish between words that are pronounced alike (as in **sur, sûr; a, à;** and **du, dû**).

3. VOYELLES ANTÉRIEURES /i/, /e/, /ɛ/

Vowels are sounds produced by the air stream passing through the vocal tract without encountering any obstruction. Certain vowels are known as "front vowels" because they are produced toward the front rather than the back of the mouth. In English, the vowel sounds in *beat, bit, bet, bat* are front vowels, whereas those in *boot, book, boat, bought* are back vowels.

/i/ Spread your lips horizontally and keep them tense. Close your jaw and hold the tip of your tongue firmly against the back of the lower teeth. The French vowel sound /i/ is more tense than the English vowel sound in *beat*.

Usual Spelling

i   ici, livre
î   île
y   stylo, y

---

[1] You should read the explanations in this section before doing the corresponding exercises. The pronunciation exercises are in the textbook.

/e/   Spread your lips horizontally but more open than for /i/, still keeping them tense. Do not move your tongue at all during the pronunciation of /e/, or you will produce the diphthong /ej/ (that is, /e/ followed by a glide sound /j/, as in English *bay, may, day*).

Usual Spelling

é   téléphone, été
-er   cahier, premier (-er usually occurring in words of two or more syllables)
-ez   chez, parlez, répondez
-es   des, les, mes (one-syllable words)
ai,ei aimer, peigner (in open syllables[1])
et   the conjunction corresponding to English *and*

/ɛ/   Open your lips a little more than for /e/. This sound is quite close to the vowel in English *bet, met, set,* but it is articulated with muscles more tense.

Usual Spelling

è   père, mère
ê   être, fenêtre
ai,ei aime, aide, peigne, Seine (in syllables ending in a consonant sound)
e   avec, cher, serviette (in syllables ending in a consonant sound)
       restaurant, prescription (before two or more consonants)

4. VOYELLES POSTÉRIEURES /u/, /o/, /ɔ/

/u/   Keep your lips tensely rounded. They should be pushed forward with just enough opening for a pen to go through, as if you were about to blow out a candle. The tip of your tongue is behind the back of your lower teeth. This vowel is more tense than the English vowel sound in *food* and *pool*.

Usual Spelling

ou   ou, journal
où   goûter, coûter
où   the word corresponding to English *where*

/o/   Open your lips slightly more than for /u/, keeping them tense and rounded. You should not move your tongue during pronunciation of the vowel, in order to avoid the English diphthong /ow/ (as in *boat, coat, low*).

Usual Spelling

ô   rôle, pôle
o   rose, chose, poser (before /z/ sound)
       stylo, moto, mot (word-final position)
-aux   animaux, journaux
-eau(x) tableau, tableaux

---

[1] An "open syllable" ends in a vowel sound; a "closed syllable" ends in a consonant sound. **Aimer** and **peigner** are pronounced with two open syllables: ai-mer, pei-gner.

/ɔ/   Open your lips wider, but keep them fairly tense. The tongue is flattened and its tip touches the back of the lower teeth. This vowel sound is close to the English vowel sound in *caught, bought,* and *fought,* but it is shorter and more tense.

Usual Spelling

o   porte, poste, note (except before /z/ sound at the end of a word as noted under /o/ above)

au   Paul, Maurice, mauvais (except words like **au**, **aux**, and others ending in **-aux** as noted under /o/ above)

5. VOYELLES ARRONDIES ANTÉRIEURES   /y/, /ϕ/, /œ/

/y/   For this sound, your lips should be tightly rounded and pushed forward, just as for /u/. Instead of producing the sound /u/, however, you try to say /i/. The result is /y/. The vocal organs assume a position very similar to that used for whistling.

not in English

Usual Spelling

u   une, mur, sur

û   sûr, dû

/ϕ/   Open your lips more, as for /o/. The tongue position is the same as for /e/.

Usual Spelling   *not in English*

eu   feu, dangereux, creuser (in a syllable ending in a vowel sound, or before /z/)

œu   œufs /ϕ/, bœufs /bϕ/[1]

/œ/   The lips are opened a bit wider and kept rounded, as for /ɔ/. The tongue position is the same as for /ɛ/.

not in English

Usual Spelling

eu   seul, peur (except as noted under /ϕ/)

œu   sœur, cœur, œuf (except as noted under /ϕ/)

6. VOYELLES OUVERTES   /a/, /ɑ/

/a/   The lips are spread apart vertically, more than for /ɛ/, and held very tense. The tip of the tongue is behind the back of the lower teeth. The vowel sound /a/ is the most open and the lowest (in terms of tongue height) of the front vowels. It somewhat resembles the English vowel sound in *cat, mat, sat,* but the lips are spread open more vertically.

Usual Spelling

a   madame, animal (except usually before s)

à   à, là, voilà

-emm-   femme, récemment, évidemment (-emm- is pronounced /am/)

---

[1] The singular forms of these words are pronounced /œf/, /bœf/.

/ɑ/   This is the lowest of the back vowels. The mouth is wide open and the tongue lies flat in the mouth. This vowel is usually pronounced longer than the others. It is quite close to the English vowel sound in *cot* and *hot*. It occurs in few words, and is often replaced by /a/ pronounced twice as long as usual.

Usual Spelling

â	âge, grâce
a	pas, bas, classe (usually before s)

7. ALPHABET FRANÇAIS

1. Note the French pronunciation of the letters *g* /ʒe/ and *j* /ʒi/—more or less the opposite of English. In French, the letter *w* is called a «double *v*» rather than a «double *u*». Between each letter and its pronunciation indication in the text is a "spelling" of the letter.

2. The "accent marks" in French do not show where stress falls; as noted earlier, they indicate the type of vowels that occur in a given syllable, or distinguish between two words that are otherwise pronounced alike.

3. In pronouncing double consonants, you add **deux** /dø/ before the letter: **tt** /døte/, **ll** /døzɛl/, **ss** /døzɛs/.

8. VOYELLES NASALES /ɛ̃/, /ɑ̃/

Nasal vowels are produced by letting the air stream escape partly through the mouth and partly through the nose. English has nasal vowels, but they occur only when a vowel is next to a nasal consonant. Compare, for example, the vowels in *cat* and *can, gate* and *gain, coat* and *moan*.

French has three nasal vowels. They are represented in written language by a vowel letter followed by a single *m* or *n*. (Pronunciation remains the same regardless of whether it is an *m* or an *n* because neither letter is pronounced, except in liaison). Usually a double *m* or *n* indicates that the preceding vowel is oral rather than nasal and that the consonant /m/ or /n/ is pronounced. The distinction between a nasal vowel (/ɛ̃/, /ɑ̃/, /õ/) and an oral vowel with a nasal consonant (/ɛn/, /an/, /ɔn/) is a very important one in some adjectives and verbs (**américain, américaine; il vient, ils viennent**).

/ɛ̃/   The lips are kept slightly more open than for /ɛ/; the breath escapes through both the mouth and the nose. Do not pronounce /n/ or /m/.

Usual Spelling

in, im	vin, simple
yn, ym	syntaxe, sympathique
ain, aim	train, faim
ein, eim	plein, Reims /ʀɛ̃s/
-en	bien, tiens, européen (when preceded by i or é)
	examen (in a few words ending in -en)
un, um	un, parfum[1]

/ɑ̃/   Form your lips as for /ɑ/, but with a somewhat smaller opening. Do not pronounce /n/ or /m/.

Usual Spelling

an, am	étudiant, chambre

---

[1] Some speakers use /œ̃/, a nasalized version of /œ/, for these spellings.

4

en, em   cent, membre (excluding words like **examen** and the third person plural verb ending -ent)

9. VOYELLE NASALE /õ/

/õ/   Pronounce /o/ with a somewhat larger opening, while letting the air stream escape partly through your nose. Do not pronounce /n/ or /m/.

Usual Spelling

on, om   montre, tomber

The supplementary exercise is a list of typical male and female names. Hyphenated names (Jean-Jacques, Marie-Louise) are fairly common in France. The vowels you have learned and their relative positions are summarized in the following chart.

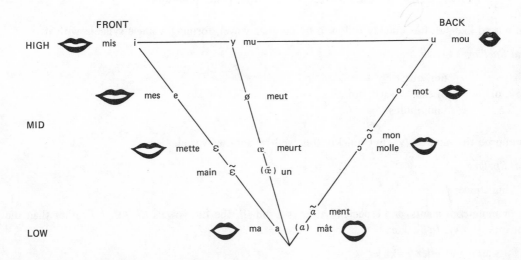

10. CONSONNE FRICATIVE DORSALE /ʀ/

You have probably noticed that the French *r* sounds very different from that of American English. The American English *r* is a semivowel produced by curling your tongue toward the hard palate. The typical French /ʀ/ is a fricative sound. The tip of the tongue is held firmly against the back of the lower incisors while the back (dorsum) is raised toward the soft palate (velum). This tongue position is similar to /k/ and /g/. If you know Spanish or German, the French /ʀ/ is very much like the sound in Spanish **jota** and German **ach**.

   To pronounce the French *r,* open your mouth wide, as for /ɑ/, raising the back of your tongue toward the soft palate, and make a friction sound by forcing the air out. You may substitute a uvular trill, although it is not the standard *r* sound in French (a uvular trill is produced by vibrating the uvula; it is close to the sound you make by gargling).

Usual Spelling

r, rr   rare, arrive
rh   rhume

5

11. SEMI-CONSONNES /j/, /w/, /ɥ/

French has three semiconsonants. They are also known as "semivowels" because the air stream used in producing them does not meet any definite obstacle as it does in the pronunciation of true consonants. The semiconsonants /j/, /w/, /ɥ/ are produced in the same way as their corresponding vowels /i/, /u/, /y/, but they are pronounced very quickly and form a single syllable with the vowel that precedes or follows them.

/j/   The general manner of articulation is similar to /i/, but the back of the tongue is raised very high toward the hard palate. This sound is much more tense and clear than the *y* of English *yes, voyage*, and *pay*.

Usual Spelling

y, i	payer, voyage, cahier (between vowels)
-ail, -eil	travail, soleil
-euil	fauteuil
-ill	famille, feuille, travailler (except **ville, village, mille, tranquille**)

/w/   Pronounced like /u/, but quickly followed by another vowel, forming a single syllable with it.

Usual Spelling

ou		oui, ouest
oi, oy, oî	/wa/	oiseau, voyage, boîte
oin	/wɛ̃/	loin, moins

/ɥ/   Pronounced the same as /y/, but quickly followed by another vowel.

Usual Spelling

u	huit, muet

After two or more consonants, and especially after /ʀ/ and /l/, the full vowels /i/, /u/, /y/ rather than the semiconsonants /j/, /w/, /ɥ/ occur.

riez	/ʀje/	but **criez**	/kʀie/
liant	/ljɑ̃/	but **client**	/kliɑ̃/
louer	/lwe/	but **clouer**	/klue/
ruelle	/ʀɥɛl/	but **cruelle**	/kʀyɛl/

12. CONSONNE LATÉRALE /l/

The consonant /l/ is known as a "lateral" consonant because the tip of the tongue is firmly held against the back of the upper incisors and the air stream escapes at both sides of the tongue. The tip of your tongue should be raised against the back of the teeth, not against the ridge of the gums as in English. It is particularly important in French to release the word-final /l/ clearly. If it is not released (as in the /l/ of American English), the listener will have difficulty distinguishing between singular and plural forms like **hôpital–hôpitaux, journal–journaux,** and **animal–animaux**.

In the supplementary exercise we have included names of American cities (accent marks have been supplied).

13. LIAISONS OBLIGATOIRES

In French, word-final consonants—except, in many cases, **c, f, l, r**—are usually silent. Within a phrase, however, normally silent final consonants may be pronounced when they are followed by a word beginning with a vowel sound. This process is known as "liaison" (from the verb **lier** *to link, to tie*). A final consonant in liaison is pronounced as though it belonged to the next vowel: **Vous êtes** is pronounced /vu-zɛt/ rather than /vuz-ɛt/; **c'est un enfant** is /sɛ-tɛ̃-nā-fā/, not /sɛt-ɛ̃n-ā-fā/. The following changes occur in the pronunciation of the final consonant.

(a) Orthographic **-s** and **-x** are pronounced /z/.

    les͜ amis   /le-za-mi/   deux͜ hommes   /dø-zɔm/

(b) Orthographic **-d** is pronounced /t/.

    grand͜ hôtel   /gʀā-to-tɛl/   attend͜ elle?   /a-tā-tɛl/

(c) Orthographic **-g** is often pronounced /k/.

    un long͜ été   /ɛ̃-lõ-ke-te/

(d) The **f** of **neuf** is pronounced /v/ before **ans** and **heures**.

    neuf͜ ans   /nœ-vā/   neuf͜ heures   /nœ-vœʀ/

(e) Orthographic **-n** is fully pronounced as /n/, and the preceding nasal vowel becomes an oral vowel.

    mon͜ ami   /mɔ-na-mi/   ancien͜ hôtel   /ā-sjɛ-no-tɛl/

This rule does not apply to a few words such as *un, on,* and *en,* in which both the nasal vowel and the nasal consonant are pronounced:

    un͜ étudiant   /ɛ̃-ne-ty-djā/   en͜ avion   /ā-na-vjõ/

Liaison is a remnant of Old French, in which all final consonants were pronounced. The general tendency of modern colloquial French is to observe fewer liaisons in less formal speech, and more liaisons in more formal speech. Regardless of speech style, however, certain liaisons, known as **liaisons obligatoires**, must always be observed. In some cases, liaison must never be made (**liaisons interdites**). In all other cases, liaison is optional (**liaisons facultatives**). The main cases of **liaisons obligatoires** are listed below.

(a) Noun marker[1] or adjective + noun

    un͜ enfant   un͜ ancien͜ ami

    mes͜ amis   quels͜ autres͜ hôtels

(b) Pronoun + verb (or verb + pronoun)

    vous͜ avez   arrivent - ils?

    je les͜ ai   allez - y

(c) After a preposition or a monosyllabic adverb

    en͜ hiver   très͜ important

    dans͜ un͜ livre   pas͜ un cahier

In doing the exercises for this section, give your answer after each cue. Compare it with the correct answer given on the tape.

---

[1] Noun markers always precede a noun. They are the definite and indefinite articles, and the possessive, demonstrative, and interrogative adjectives.

14. LIAISONS INTERDITES ET LIAISONS FACULTATIVES

Two kinds of *h* exist in French: **h muet** (*"mute" h*) and **h aspiré** (*"aspirate" h*). Both are silent, but they function differently. Both elision and liaison occur before a word beginning with a mute *h*, as if it were not there.

l'hôpital	l'heure	en hiver
le hibou	la hauteur	les hors-d'œuvre

In the textbook, all words beginning with an aspirate *h* are marked with a dot under the *h*: hibou, haut, haricots.

Liaison is never made in the cases below.

(a) Before a word beginning with an aspirate *h*
   les//huit livres
   les//hautes montagnes
   des//hors-d'œuvre

(b) After a singular noun or a proper name
   un soldat//américain
   Jean//et Pierre

(c) After the conjunction **et**
   Jean-Paul et//André
   il regarde et//écoute

(d) After an interrogative adverb
   Quand//arrive le train?
   Comment//allez-vous à la gare?

Exceptions to these rules are rare and occur mostly in fixed expressions.

dix - huit livres	accent aigu
nuit et jour	Comment allez-vous?
mot à mot	fait accompli

Cases that have not been discussed under **liaisons obligatoires** and **liaisons interdites** belong to the category of **liaisons facultatives**. Here are a few examples.

Voici des enfants intelligents.

Vous avez écouté le disque?

Les trains arrivent à midi et demi.

Nous allons en ville cet après-midi.

In doing the exercises for this section, read the sentences as soon as you hear the corresponding numbers *1, 2, 3*, etc. Then compare what you have just said with the answers recorded on the tape. This procedure applies to all the exercises when the directions ask you to read (*Lisez*).

15. SYLLABATION ET ENCHAÎNEMENT VERBAL

English and French differ not only in consonants and vowels but also in the way their sounds are linked and put into syllables. This section will discuss the most prominent features involving *stress, syllabification,* and *juncture (linking)*.

(a) *Stress.* You learned in Section 2 that each syllable receives more or less equal stress in French, and that the last syllable of a word or phrase is lengthened somewhat. This means that all vowels are kept clear and distinct. In English, no distinction is made in normal speech between words like *capital* and *capitol* because the two distinguishing vowels are unstressed and become blurred. Note how the unstressed vowels in the words below become blurred or disappear.

> án'mal, prés'dent, mád'm, b'líeve
> átom-atómic, pólitics-polítical, Ánne-Annétte

English is often called a "stress-timed" language; in each sentence, you hear prominent stresses placed on certain words. French is a "syllable-timed" language; each syllable receives more or less equal stress, except for the phrase-final syllable, thus giving a sentence a very staccato rhythm.

(b) *Syllabification.* Syllables tend to be "open" in French. (In English, they tend to be "closed.") This means that in French as many syllables as possible end in a vowel rather than a consonant. A consonant that comes after a vowel is often pronounced as if it belonged to the next vowel.

(c) *Juncture.* The transition from one sound to another is known as "juncture." In "closed" juncture, two sounds in succession are linked together. In "open" juncture, a slight pause separates the two sounds. Note the pairs of English phrases below.

> a*n a*im; a *na*me
> nigh*t r*ate; ni*t*rate
> stops *p*atting; stop *sp*atting

The first phrase of each pair has a slight pause between /n/, /t/, and /s/ and the next sound—a case of open juncture. In the second phrase, there is a smooth transition between /n/, /t/, /s/ and the next sound — closed juncture. Open juncture is fairly common in English, and marks word boundaries within most phrases. In French, however, open juncture occurs only between phrases; within a phrase, closed juncture occurs and no word boundaries are observed. Phrases and words like **la voir, l'avoir, lavoir /lavwaʀ/, qui l'écoute, qu'il écoute** /kilekut/, and **signe allemand, signalement** /siɲalmɑ̃/ are clearly distinguishable only in written language. In order to establish good listening comprehension and speaking habits in French, it is important to understand the tendency of French toward open syllabification and closed juncture.

16. INTONATION DESCENDANTE

Descending intonation is used in commands and in questions that begin with "question words." Ordinarily, you do not shift the pitch within a syllable, but progressively from one syllable to another. The highest pitch, which occurs toward the beginning of the sentence, is somewhat higher than in the corresponding patterns in English. Do not put an extra stress on the first syllable just because it begins on a high pitch.

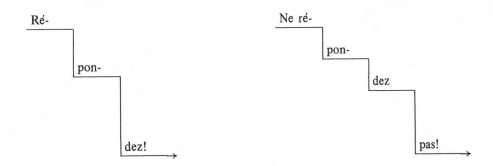

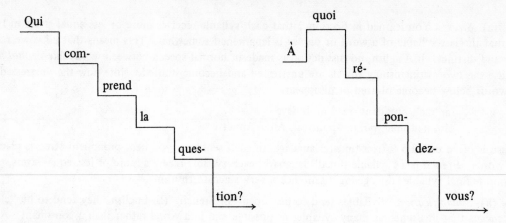

17. INTONATION MONTANTE

Rising intonation is commonly used in questions that can be answered by **oui** or **non**. The highest pitch, which occurs at the end of the sentence, is higher than the corresponding pattern in English. In colloquial French, it is quite common to omit use of **Est-ce que** or inversion in favor of the normal declarative sentence construction, but with rising intonation to distinguish between a statement and a question.

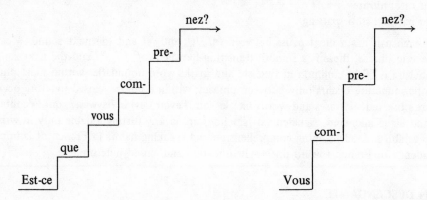

18. INTONATION MONTANTE-DESCENDANTE ET GROUPES RYTHMIQUES

The normal declarative sentence consists of rising and descending intonation patterns. The low pitch at the end is lower than the pitch at the beginning of the sentence.

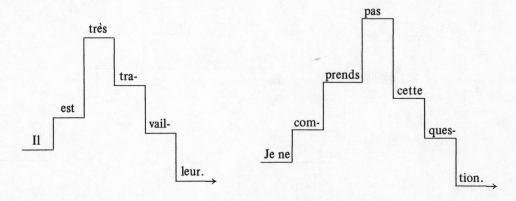

Individual sound segments in French are grouped into syllables, and then into phrases. A phrase that is pronounced as a speech unit is known as a "stress group" (in French, **groupe rythmique** or **mot phonétique**). The entire phrase, made up of several words, is pronounced as if it were a single word with the last syllable receiving lengthening. A sentence like **Nous regardons la télévision tous les soirs à six heures** contains at least four stress groups.

Nous regardons//la télévision//tous les soirs//à six heures.

A sentence containing several stress groups consists of a series of ascending and descending intonation patterns. Until the highest pitch is reached, each rising stress group begins at a pitch level lower than the end of the preceding stress group and ends at a higher pitch level. A reversal of this process occurs after the highest pitch has been reached.

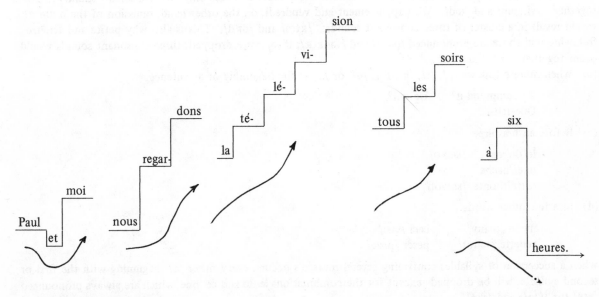

19. VOYELLE CENTRALE /ə/

For the pronunciation of the central vowel /ə/, round your lips slightly as for /œ/ but keep them less tense. This is a "central" vowel because it is pronounced toward the middle of the vocal cavity. It is pronounced with more tense muscles and rounded lips than the first-syllable vowel in English *support* or the second-syllable vowel in *sofa*.

Usual Spelling

e   pesez, mesurer (end of a syllable)
ai   faisons, faisais
on   of monsieur /məsjø/

The vowel /ə/ is also called "mute" *e*. The French terms are **e muet, e instable,** and **e caduc** *(weak e)*. The second and third terms are more descriptive than the first, for /ə/ may or may not be pronounced in the same word depending on the sequence of consonants before or after it, and on speech level and speed. In the following phrases, **petite** and **fenêtre** are pronounced differently (unpronounced mute *e*'s are crossed out).

la pe̸tite̸ éle̸ve̸; une̸ pe̲tite̸ éle̸ve̸
la fe̸nêtre̸; une fe̲nêtre̸

The mute *e* is either fully pronounced or it is dropped completely. Here are the cases where it is usually retained.

(a) When omission of /ə/ would cause three consonant sounds to come together. Often referred to as the "law of three consonants," this rule requires that three consonant sounds must not follow one another in succession through the dropping of a mute *e*.

dév*e*lopp*e*ment	/devləpmã/
appart*e*ment	/apaʀtəmã/
sam*e*di	/samdi/
vendr*e*di	/vãdʀədi/

In the case of **développement** and **samedi**, omission of the mute *e* causes only two consonant sounds to come together: /vl...pm/ and /md/. With **appartement** and **vendredi**, on the other hand, omission of the mute *e* would result in a cluster of three consonant sounds: /ʀtm/ and /dʀd/. This is also why **petite** and **fenêtre** following un*e* above are pronounced /pətit/ and /fənɛtʀ/; if /ə/ were dropped, three consonant sounds would occur together: /nfn/ and /npt/.[1]

(b) When mute *e* follows /p/, /t/, /k/, /b/, /d/, or /g/ at the beginning of a sentence.

Te comprend-il?   De qui?
Que fait-il?

(c) Before an **h aspiré**.

le//héros	/ləeʀo/
une//hache	/ynəaʃ/
cette//honte	/sɛtəõt/

(d) In a few other words.

menu /məny/		ceci /səsi/
vedette /vədɛt/		peser /pəze/

When a succession of syllables containing several mute *e*'s occurs, every other /ə/, beginning with the first or second syllable, will be dropped—except for the combinations **je te** and **ce que**, which are always pronounced /ʒte/ (or /ʃtə/) and /skə/.

Je n*e* te l*e* d*e*mand*e* pas.
J*e* te l*e* demand*e*.
Te l*e* red*e*mand*e*-t-elle?

---

[1] Exceptions to the "law of three consonants" do occur. Within a single word, for example, several consonant sounds may follow one another.

extrême /ɛkstʀɛm/		splendide /splãdid/
expliquer /ɛksplike/		exprimer /ɛkspʀime/

Three consonant sounds may also come together if the last two belong to the beginning of another word.

pas d*e* plan /pɑdplã
cett*e* probabilité /sɛtpʀɔbabilite/
tu l*e* prends /tylpʀã/

20. CONSONNES NASALES /n/, /ɲ/

/n/   The French /n/ is pronounced with the tip of the tongue touching the back of the upper incisors. The English /n/ is produced with the tip of the tongue touching the alveolar ridge. In English, nasalized vowels occur regularly before a nasal consonant. In French, the contrast between a nasal vowel and an oral vowel followed by a nasal consonant sound is very important.

Usual Spelling

n, nn   animal, année

/ɲ/   The tip of the tongue is kept firmly behind the back of the lower incisors. The middle of the tongue touches the palate. Although it resembles the English nasal /nj/ in *canyon* and *onion*, the English sound is produced with the tip of the tongue held against the upper alveolar ridge with a rapid glide /j/ following it.

Usual Spelling

gn   peigne, signaler

21. CONSONNES OCCLUSIVES /p/, /t/, /k/

The "plosives" (**occlusives** in French) are consonants produced by a complete closing of the mouth followed by a sudden release of the air stream. In English, /p/, /t/, /k/ at the beginning of a word are aspirated—accompanied by an extra puff of air. (They are unaspirated only when preceded by /s/.) Compare the pronunciation of the plosive consonants in the pairs below.[1]

pin–spin	pot–spot
till–still	tall–stall
kin–skin	kill–skill

In French, /p/, /t/, /k/ are not aspirated; they therefore sound very soft. The best way to avoid aspiration is to try to pronounce the plosives with very tense throat muscles. Note that /p/, /t/, /k/ in a word-final position are hardly released in English (*help, hot, hook*), whereas they are fully pronounced in French. In addition, the position of the tongue for the French /t/ is different from its position for its English counterpart—the tip touches the back of the upper incisors rather than the alveolar ridge. (This is also true of the sounds /d/, /n/, and /l/.)

Usual Spelling for /p/

p, pp   papa, apporter
b[2]   observer, absurde (before a voiceless consonant)

Usual Spelling for /t/

t, tt   table, serviette
th   thé, théâtre

---

[1] You can tell the difference between an aspirated and an unaspirated consonant by holding a lighted match or a sheet of thin tissue paper a few inches from your mouth. If you keep repeating *spin*, the light will flicker or the tissue paper will move slightly. Once you say *pin*, the light will go out or the paper will move further away from your lips.

[2] A voiced consonant like /ʒ/, /b/, /d/, /g/ often becomes partly voiceless when it is followed by a voiceless consonant such as /s/ or /t/: je te /ʒtə/, médecin /metsɛ̃/, observer /ɔpsɛRve/, obtenir /ɔptəniR/. This process, known as "assimilation," is very common in French.

13

c	cahier, cou, cube (before **a, o, u**)
qu	qui, question
k	kilo, kiosque
ch[1]	chœur, chrétien

22. CONSONNES OCCLUSIVES /b/, /d/, /g/

The plosives /b/, /d/, /g/ are fully voiced and clearly released in all positions. In English, the voicing of these consonants is at times incomplete, and they are not fully released at the end of a word: *sob, sad, sag*. The point of articulation for the French /d/ is behind the upper incisors, rather than at the alveolar ridge as in English.

23. CONSONNES FRICATIVES /s/, /z/

A fricative consonant is produced by causing the air stream to pass through a narrow constriction in the oral cavity. The French /s/ is pronounced with the tip of the tongue raised toward the back of the upper incisors, leaving a very narrow passage between the tongue and the palate. The hissing effect is very strong and at times may sound like a slight lisp. The voiced counterpart of /s/ is /z/. A voiced consonant is produced with the vocal cords in vibration.

Usual Spelling for /s/

s	disque, sur (except between vowels)
ss	passer, choisissez (between vowels)
sc	science, scène
c	ces, ceci (before **e** and **i**)
ç	ça, garçon, reçu (before **a, o, u**)
t	nation, patient (before **ion**, and often before **i**)
x	expliquer, exprimer (pronounced /ks/, before a consonant)

Usual Spelling for /z/

s	chose, choisissez (between vowels)
z	zéro, quinze
x	examen, exercice (pronounced /gz/, before a vowel)

24. CONSONNES FRICATIVES /ʃ/, /ʒ/

/ʃ/ The front of the tongue is held very close to the alveolar ridge while the middle of the tongue is raised close to the palate. The lips are slightly rounded.

Usual Spelling

ch acheter, chaise

/ʒ/ The point of articulation is the same as for /ʃ/, but the sound is voiced. Do not touch the palate with your tongue, or else the resultant sound will be /dʒ/, as in English *judge, bridge,* or *jacket.* The French

---

[1] Only in words of Greek origin. The letters ch usually represent the sound /ʃ/: chaise.

/ʒ/ comes close to its English counterpart in *measure, leisure,* and *vision,* but it is more strongly articulated.

Usual Spelling

j	jambe, ajouter
g	magique, argent (before **i** and **e**)
ge	mangeable, mangeons, gageure (before **a, o, u**)

25. CONSONNES /m/, /f/, /v/

These consonants are phonetically close to their English counterparts, but they are fully released at the end of a word.

26. ACCENT D'INSISTENCE

In French, another type of stress is used when the speaker wishes to indicate surprise or excitement. This strong stress, known as the **accent d'insistence**, usually falls on the first syllable of the word to be emphasized. If the syllable contains a nasal vowel, the stress may shift to the vowel in the next syllable. The **accent d'insistence** does not replace the normal lengthening that occurs at the end of a stress group.

In English, either the subject or the possessive or demonstrative adjective may be stressed: **You** *did it,* *That's* **my** *book, I like* **this** *book.* The equivalent expressions in French use not only stress but also special grammatical constructions. Here are a few examples, with the elements to be stressed in boldface.[1]

Toi, tu ne comprends rien.
Tu ne comprends rien, **toi.** } **You** *don't understand anything.*
C'est **toi** qui ne comprends rien.

C'est son livre à **lui.** } *It's* **his** *book.*
Ce livre est à **lui.**

---

[1] Some of these constructions are discussed in Lessons 12.2 and 24.4 of the textbook.

DESSIN 1

17

DESSIN 2

PREMIÈRE LEÇON – PREMIÈRE PARTIE

CONVERSATIONS

( )   A.   *Bonjour!*

( )   B.   *Salut!*

( )   C.   *Au revoir!*

EXERCICES ORAUX

1.1	B[1]									
	C[1]	1	2	3	4	5	6	7	8	
	D	1	2	3	4	5	6	7	8	9	10
	E	1	2	3	4	5	6	7	8	9	10
1.2	A[1]	1	2	3	4	5	6	7	8	
1.3	A	1	2	3	4	5	6	7	8	
	B[1]	1	2	3	4	5	6	7	8	
1.4	A									
	B	1	2	3	4	5	6	7	8	9	10
1.5	B[2]	1	2	3	4	5	6	7	8	
1.6	A	1	2	3	4	5	6; 1	2	3	4	5	6
	C	1	2	3	4	5	6	7	8	9	10

APPLICATION: Dialogue et questions

( )   *Bonjour, Jean-Paul!*

Questions   1   2   3   4   5   6   7   8   9

COMPRÉHENSION AUDITIVE

A. *Indiquez si le nom est masculin ou féminin.* (après 1.1)[3]

1.	m	f	4.	m	f	7.	m	f	10.	m	f
2.	m	f	5.	m	f	8.	m	f	11.	m	f
3.	m	f	6.	m	f	9.	m	f	12.	m	f

---

[1] Use Drawing 1 (p. 17, Cahier d'exercices).   [2] Use Drawing 2 (p. 18).

[3] *Indicate whether the noun is masculine or feminine.* All the nouns are in the plural. Après followed by a lesson number indicates the oral exercises that must be completed before doing a particular listening comprehension drill.

B. *Indiquez si le nom est au singulier ou au pluriel.* (après 1.4)[1]

1.	s	p	4.	s	p	7.	s	p	10.	s	p
2.	s	p	5.	s	p	8.	s	p	11.	s	p
3.	s	p	6.	s	p	9.	s	p	12.	s	p

C. *Regardez le Dessin 2 à la page 18. Indiquez si chaque commentaire est vrai ou faux.* (après 1.5)[2]

1.	v	f	4.	v	f	7.	v	f
2.	v	f	5.	v	f	8.	v	f
3.	v	f	6.	v	f	9.	v	f

D. *Est-ce que la réponse à chaque question est logique et appropriée?* (après 1.6)[3]

1.	oui	non	4.	oui	non	7.	oui	non
2.	oui	non	5.	oui	non	8.	oui	non
3.	oui	non	6.	oui	non	9.	oui	non

E. *Voici quelques commentaires au sujet du dialogue de cette leçon. Indiquez si chaque commentaire est vrai ou faux.*[4]

1.	v	f	4.	v	f	7.	v	f
2.	v	f	5.	v	f	8.	v	f
3.	v	f	6.	v	f	9.	v	f

F. Dictée: *Nous sommes dans la classe.*[5]

_____

_____

_____

_____

_____

_____

_____

---

[1] *Indicate whether the noun is in the singular or plural. All the nouns are preceded by the definite article.*
[2] *Look at Drawing 2 on page 18. Indicate whether each comment is true or false.*
[3] *Is the answer to each question logical and appropriate?*
[4] *Here are a few comments concerning the dialogue of this lesson. Indicate whether each comment is true or false.*
[5] All dictation exercises are read three times: The first reading is without pauses for general comprehension; the second is with pauses long enough for you to write down what you hear; the third is without pauses for a final check.

PREMIÈRE LEÇON – DEUXIÈME PARTIE

EXERCICES ÉCRITS

1.1 *Regardez le Dessin 1 à la page 17 et répondez aux questions d'après ce modèle.*[1]

    Qu'est-ce que c'est?   (1)   **C'est un cahier.**

  1. Qu'est-ce que c'est?   (3)

    _____

  2. Qu'est-ce que c'est?   (5)

    _____

  3. Qu'est-ce que c'est?   (6)

    _____

  4. Qu'est-ce que c'est?   (11)

    _____

  5. Qu'est-ce que c'est?   (13)

    _____

  6. Qu'est-ce que c'est?   (8)

    _____

1.2 *Posez des questions d'après ce modèle.*[2]

    (clé)   **Est-ce que c'est une clé?**

  1. (corbeille)

    _____

  2. (cahier)

    _____

  3. (tableaux)

    _____

  4. (journaux)

    _____

1.3 *Regardez le Dessin 1 et répondez aux questions d'après ce modèle.*

    Est-ce que c'est un cahier?   (2)   **Non, ce n'est pas un cahier, c'est un crayon.**

  1. Est-ce que c'est une chaise?   (15)

    _____

---

[1] *Look at Drawing 1 on page 17 and answer the questions according to this model.*
[2] *Ask questions according to this model.*

2. Est-ce que c'est une porte?   (11)

_____

3. Est-ce que ce sont des cahiers?[1]   (4)

_____

4. Est-ce que ce sont des livres?[1]   (3)

_____

1.4 *Modifiez les phrases suivantes d'après ce modèle.*[2]

   Voilà un livre et une montre.   **Voilà le livre et la montre.**

   1. Voilà une porte et une fenêtre.

   _____

   2. Voilà un cahier et une serviette.

   _____

   3. Voilà un professeur et une étudiante.

   _____

   4. Voilà des tables et des chaises.

   _____

1.5 *Regardez le Dessin 2 à la page 18 et indiquez où est chaque objet d'après ce modèle.*[3]

   (corbeille, table)   **La corbeille est sous la table.**

   1. (serviette, table)

   _____

   2. (crayon, livre)

   _____

   3. (stylo, cahier)[4]

   _____

   4. (clés, cahier)

   _____

   5. (montre, livre)

   _____

   6. (cahier, livre)

   _____

1.6 *Répondez aux questions.*[5]

   1. Est-ce que vous êtes professeur?

   _____

_____

[1] Answer in the plural.   [2] *Change the following sentences according to this model.*
[3] *Look at Drawing 2 on page 18 and indicate where each object is, according to this model.*   [4] Use **devant.**
[5] In all the personalized questions in the workbook, **vous** refers to you (singular), **je** to the writer of the workbook (not your instructor), and **nous** to you, the writer, and your classmates.

22

2. Est-ce que vous êtes Américain(e)?

   _____

3. Est-ce que les étudiants sont dans la classe maintenant?

   _____

4. Est-ce que le professeur est sous la table?

   _____

5. Est-ce que nous sommes dans le couloir?

   _____

6. Est-ce que je suis dans la classe?

   _____

APPLICATION: Travaux écrits

( )   **A.**   *Questions*

( )   **C.**   *Complétez le passage*

( )   **D.**   *Renseignements*

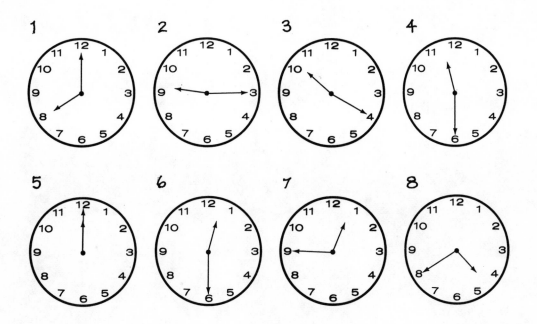

DESSIN 3

DEUXIÈME LEÇON – PREMIÈRE PARTIE

CONVERSATIONS

( )   A.   *Je parle français.*

( )   B.   *Il est très difficile!*

( )   C.   *Il est midi.*

EXERCICES ORAUX

2.1	A												
	B	1	2	3	4	5	6						
	C	1	2	3	4	5	6	7					
	D	1	2	3	4	5	6;	1	2	3	4	5	6
2.2	A	1	2	3	4	5	6						
2.3	A	1	2	3	4	5	6						
2.4 ☻	A	a	b	c	d	e	f	g	h	i	j	k	l m
	B	4	5	6	7	8	9	10					
2.5 ☻	A[1]	1	2	3	4	5	6	7	8				
2.6	A	1	2	3	4	5	6;	1	2	3	4	5	6

APPLICATION: Dialogue et questions

( )   *Vous travaillez trop!*

Questions   1   2   3   4   5   6   7   8   9   10   11   12

COMPRÉHENSION AUDITIVE

A.   *Est-ce que le sujet est au singulier ou au pluriel?*[2]   (après 2.1)

1.	s	p	?	4.	s	p	?	7.	s	p	?
2.	s	p	?	5.	s	p	?	8.	s	p	?
3.	s	p	?	6.	s	p	?	9.	s	p	?

B.   *Est-ce que la réponse est logique et appropriée?* (après 2.1)

1. oui	non	4. oui	non	7. oui	non
2. oui	non	5. oui	non	8. oui	non
3. oui	non	6. oui	non	9. oui	non

---

[1] Use Drawing 3 (page 25).
[2] *Is the subject in the singular or plural?* All sentences are in the third person. If the subject can be either in the singular or plural, circle the question mark.

C. *Épelez les mots que vous entendez.*[1] (après 2.4)

a. _____   d. _____

b. _____   e. _____

c. _____   f. _____

D. *Regardez le Dessin 3 à la page 25. Indiquez si chaque commentaire est vrai ou faux.*

1.	v	f	4.	v	f	7.	v f
2.	v	f	5.	v	f	8.	v f
3.	v	f	6.	v	f	9.	v f

E. *Est-ce que la réponse est logique et appropriée?* (après 2.6)

1.	oui	non	4.	oui	non	7.	oui non
2.	oui	non	5.	oui	non	8.	oui non
3.	oui	non	6.	oui	non	9.	oui non

F. *Voici quelques commentaires au sujet du dialogue de cette leçon. Indiquez si chaque commentaire est vrai ou faux.*

1.	v	f	4.	v	f	7.	v f
2.	v	f	5.	v	f	8.	v f
3.	v	f	6.	v	f	9.	v f

G. Dictée *Le cours de français de Jenny Wilson*

_____

_____

_____

_____

_____

_____

_____

---

[1] *Spell the words you hear.* All are numbers.

28

DEUXIÈME LEÇON – DEUXIÈME PARTIE

EXERCICES ÉCRITS

2.1 *Écrivez des phrases en utilisant les éléments indiqués.*[1]
1. Je/essayer/robe/mais/je/ne pas/aimer/robe.

   _____

2. Nous/être/dans/classe/et/nous/parler/français.

   _____

3. Elles/entrer/dans/boutique/et/chercher/vendeuse.

   _____

4. Vous/être/étudiants/et/vous/aimer/beaucoup/cours/français.

   _____

   _____

2.2 *Répondez aux questions d'après ce modèle.*

   Êtes-vous à la maison? (université)   **Non, je suis à l'université.**

1. Êtes-vous à l'hôpital? (laboratoire)

   _____

2. Est-ce que le professeur est au cinéma? (bibliothèque)

   _____

3. Parlez-vous à la vendeuse? (vendeur)

   _____

4. Est-ce que les vendeurs parlent au professeur? (étudiants)

   _____

2.3 *Répondez aux questions d'après ce modèle.*

   Est-ce que vous parlez du vendeur? (vendeuse)   **Non, je parle de la vendeuse.**

1. Est-ce que vous parlez du professeur? (étudiante)

   _____

2. Est-ce que le professeur parle de l'étudiant? (médecin)

   _____

---

[1] *Write sentences using the elements shown.*

3. Est-ce que la jeune fille parle du médecin? (étudiants)

_____

4. Est-ce que le vendeur parle de la classe? (boutique)

_____

2.4 *Répondez aux questions.*
1. Combien de jeunes filles est-ce qu'il y a dans le cours de français?

_____

2. Et combien d'étudiants est-ce qu'il y a dans le cours?

_____

3. Regardez le livre de français. Combien de pages est-ce qu'il y a dans la Leçon 2?

_____

Écrivez les nombres suivants d'après ce modèle.   (12)   **douze**
4. (16)   7. (24)

5. (21)   8. (33)

6. (49)   9. (57)

2.5 *Répondez aux questions.*
1. À quelle heure est-ce que le cours de français commence?

_____

2. À quelle heure déjeunez-vous?

_____

3. À quelle heure rentrez-vous à la maison?

_____

4. À ma montre il est une heure moins douze. Mais elle avance de trois minutes. Quelle heure est-il?

_____

2.6 *Répondez aux questions.*
1. Combien de cours avez-vous demain?

_____

2. Est-ce que le professeur a une serviette?

_____

3. Est-ce qu'il y a des chats dans la classe?

_____

4. Est-ce que vous avez des stylos à la maison?

_____

5. Est-ce que j'ai la montre du professeur?

_____

6. Est-ce que vous avez une montre?

_____

APPLICATION: Travaux écrits

( ) **A.** *Questions*

( ) **C.** *Posez des questions*

( ) **D.** *Complétez le passage*

( ) **E.** *Jouez des rôles*

( ) **F.** *Renseignements*

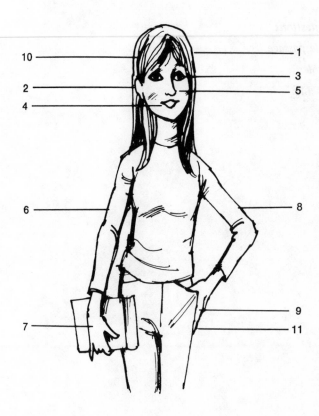

DESSIN 4

32

TROISIÈME LEÇON – PREMIÈRE PARTIE

CONVERSATIONS

( )   **A.**   *C'est aujourd'hui lundi, le 21 septembre.*

( )   **C.**   *C'est le livre du professeur.*

EXERCICES ORAUX

3.1	A	1	2	3	4	5	6	7						
	B	1	2	3	4	5	6	7						
3.2	A	1	2	3	4	5	6;	1	2	3	4	5	6		
3.3	A[1]														
	B	1	2	3	4	5	6	7	8	9	10			
	C[1]	1	2	3	4	5	6							
	E[2]	1	2	3	4	5	6	7	8	9	10			
3.4	A	1	2	3	4	5	6	7	8					
	B	1	2	3	4	5	11	12	13	14	15			
3.5	A	1	2	3	4	5	6	7	8	9	10			
3.6	A	1	2	3	4	5	6;	1	2	3	4	5	6;	1	2	3	4
		5	6												
	C	1	2	3	4	5	6	7	8	9	10			

APPLICATION: Dialogue et questions

( )   *Allons au cinéma ce soir!*

Questions   1   2   3   4   5   6   7   8   9   10

COMPRÉHENSION AUDITIVE

A. *Nous parlons des jours de la semaine et des mois de l'année. Indiquez si chaque phrase est logique et appropriée.* (après 3.1)

1.	oui	non	4.	oui	non	7.	oui	non
2.	oui	non	5.	oui	non	8.	oui	non
3.	oui	non	6.	oui	non	9.	oui	non

---

[1] Use Drawing 4 (p. 32).
[2] The questions are renumbered consecutively. The last six are not recorded.

B. *Regardez le Dessin 4 à la page 32. Donnez le nombre qui correspond à chaque phrase.*[1] (après 3.3)

a. _____   d. _____   g. _____

b. _____   e. _____   h. _____

c. _____   f. _____   i. _____

C. *Écoutez la conversation. Est-ce que la réponse est logique et appropriée?* (après 3.3)

1. oui	non	4. oui	non	7. oui	non
2. oui	non	5. oui	non	8. oui	non
3. oui	non	6. oui	non	9. oui	non

D. *Jacqueline et Robert sont dans une salle où il y a beaucoup de monde.*[2] *Robert donne des réponses aux questions de Jacqueline. Indiquez si ses réponses sont logiques et appropriées.* (après 3.5)

1. oui	non	4. oui	non	7. oui	non	10. oui	non
2. oui	non	5. oui	non	8. oui	non	11. oui	non
3. oui	non	6. oui	non	9. oui	non	12. oui	non

E. *Est-ce que le sujet de chaque phrase est au singulier ou au pluriel?* (après 3.6)

1. s	p	?	4. s	p	?	7. s	p	?
2. s	p	?	5. s	p	?	8. s	p	?
3. s	p	?	6. s	p	?	9. s	p	?

F. *Voici des commentaires au sujet du dialogue de cette leçon. Indiquez si chaque commentaire est vrai ou faux.*

1. v	f	4. v	f	7. v	f
2. v	f	5. v	f	8. v	f
3. v	f	6. v	f	9. v	f

---

[1] *Give the number corresponding to each sentence.* For example, if you hear **Voilà ma bouche**, write *4.*
[2] **où il y a beaucoup de monde** *where there are a lot of people*

TROISIÈME LEÇON – DEUXIÈME PARTIE

EXERCICES ÉCRITS

3.1 *Répondez aux questions.*
1. Quels sont les mois de l'été?

_____

2. Quelle est la date de Noël?

_____

3. Quelle est la date aujourd'hui?

_____

4. Quels mois ont trente jours?

_____

_____

3.2 *Répondez aux questions.*
1. À quelle heure est-ce que les étudiants vont au cours de français?

_____

2. Où allez-vous après le cours de français?

_____

3. À quelle heure allez-vous déjeuner demain?

_____

4. Où est-ce que le professeur va à une heure? (bibliothèque)

3.3 *Répondez aux questions en employant des adjectifs possessifs appropriés.*[1]
1. Aimez-vous votre cours de français?

_____

2. Est-ce que vous écoutez avec votre bouche?

_____

3. Est-ce que le médecin de vos parents est Français?

_____

4. Avez-vous la montre du professeur?

_____

5. Est-ce que le livre du professeur est sur votre bureau?

_____

_____

[1] *Answer the questions using appropriate possessive adjectives.*

35

3.4 *Vous parlez à une Française. Vous posez des questions et elle donne des réponses. Écrivez vos questions.*

1. Je suis Française.

   _____

2. Je suis professeur.

   _____

3. C'est 23, avenue Victor Hugo.

   _____

4. Mon père est ingénieur.

   _____

5. Le nom de ma mère? C'est Marie-Claire.

   _____

6. À ma montre il est onze heures et quart.

   _____

7. J'aime beaucoup le tennis.

   _____

3.5 *Ajoutez des phrases négatives d'après ce modèle.*[1]

   Je vais regarder le livre.   **Ne regardez pas ce livre!**

1. Je vais entrer dans la boutique.

   _____

2. Je parle à l'étudiant.

   _____

3. J'écoute le vendeur.

   _____

4. J'essaie les chemises.

   _____

5. Je paie le chapeau.

   _____

3.6 *Répondez aux questions.*

1. Réfléchissez-vous toujours quand vous parlez?

   _____

2. Obéissez-vous toujours à vos parents?

   _____

3. Est-ce que vos camarades finissent toujours leurs devoirs?

   _____

_____

[1] *Add negative sentences according to this model.*

4. Est-ce que votre professeur choisit ses étudiants?

_____

5. Est-ce que vos parents choisissent vos cours?

_____

APPLICATION: **Travaux écrits**

( )   **A.**   *Questions*

( )   **C.**   *Posez des questions*

( )   **D.**   *Jouez des rôles*

( )   **E.**   *Renseignements*

DESSIN 5

QUATRIÈME LEÇON – PREMIÈRE PARTIE

CONVERSATIONS

( ) A. *Charles est un peu dur d'oreille.*

( ) B. *C'est trop loin d'ici.*

( ) C. *Après la pluie, le beau temps.*

EXERCICES ORAUX

4.1	A	1	2	3	4	5	6;	1	2	3	4	5	6
4.2	A	1	2	3	4	5	6	7	8				
	C[1]												
4.3	A	1	2	3	4	5	6						
	B	1	2	3	4	5	6						
	C	1	2	3	4	5	6	7	8				
4.4	A	1	2	3	4	5	6						
	B	1	2	3	4	5	6						
	C	1	2	3	4	5	6	7	8				
4.5	A	1	2	3	4	5	6						
	B	1	2	3	4	5	6						
4.6	A	1	2	3	4	5	6;	1	2	3	4	5	6
	E	1	2	3	4	5	6	7	8				

APPLICATION: Dialogue et questions

( ) *Il fait trop frais.*

Questions   1   2   3   4   5   6   7   8   9   10   11   12

COMPRÉHENSION AUDITIVE

A. *Regardez le Dessin 5 à la page 38. Donnez le nombre qui correspond à chaque phrase.* (après 4.2)

a. _____   d. _____   g. _____

b. _____   e. _____   h. _____

c. _____   f. _____   i. _____

---

[1] Utilisez le Dessin 5 (page 38).

B. *Jeanne répond aux questions de M. Dubois, son professeur de français. Est-ce que sa réponse est logique et appropriée?* (après 4.2)

1. oui   non   4. oui   non   7. oui   non
2. oui   non   5. oui   non   8. oui   non
3. oui   non   6. oui   non   9. oui   non

C. *Écoutez la conversation. Indiquez si les réponses sont logiques et appropriées.* (4.2)

1. oui   non   3. oui   non   5. oui   non
2. oui   non   4. oui   non   6. oui   non

D. *Voici des commentaires au sujet du dialogue de cette leçon. Indiquez si chaque commentaire est vrai ou faux.*

1. v   f   4. v   f   7. v   f
2. v   f   5. v   f   8. v   f
3. v   f   6. v   f   9. v   f

E. *Écrivez les mots qui vous sont épelés.*[1]

1. _____   4. _____

2. _____   5. _____

3. _____   6. _____

F. Dictée   *Une promenade*

_____

_____

_____

_____

_____

_____

_____

---

[1] *Write the words spelled out for you.* This exercise should be done after *Exercice de prononciation* 7.

40

QUATRIÈME LEÇON – DEUXIÈME PARTIE

EXERCICES ÉCRITS

4.1 *Répondez aux questions.*

1. Vendez-vous des montres?

2. Répondez-vous aux questions du professeur?

3. Est-ce que votre professeur entend toujours ses étudiants?

4. Attendez-vous le professeur maintenant?

5. Est-ce que vos parents répondent à vos lettres?

4.2 *Posez une question sur la partie soulignée de chaque phrase d'après ces modèles.*

Je suis <u>dans la classe</u>.   **Où êtes-vous?**
Je déjeune <u>à midi</u>.   **À quelle heure déjeunez-vous?**

1. Je vais <u>au laboratoire de langues</u>.

2. La leçon est <u>facile</u>.

3. Je parle <u>bien</u> français.

4. Je travaille <u>une heure</u> au laboratoire.

5. Je quitte le laboratoire <u>à trois heures</u>.

6. Je vais au cours de français <u>demain</u>.

4.3 *Faites des questions en employant **qui** ou **qu'est-ce qui**.*[1]

1. Mon cours commence à neuf heures.

2. Le professeur est sympathique.

_____
[1] *Make up questions using **qui** or **qu'est-ce qui**.*

41

3. Les étudiants attendent le professeur.

_____

4. Mon livre est sous la chaise.

_____

4.4 *Faites des questions en employant* **qui est-ce que** *ou* **qu'est-ce que.** *Mettez chaque verbe à la forme* **vous.**[1]

1. Je cherche mon médecin.

_____

2. Je finis mes devoirs.

_____

3. J'attends l'autobus.

_____

4. J'aime mon cours de français.

_____

Maintenant, répondez aux questions.

5. Qu'est-ce que vous regardez maintenant?

_____

6. Qui est votre professeur de français?

_____

7. Qu'est-ce qui n'est pas facile?

_____

8. Qui est-ce que vous écoutez bien en classe?

_____

4.5 *Posez une question sur la partie soulignée de chaque phrase. Mettez chaque verbe à la forme* **vous.**

1. Je travaille pour mon professeur.

_____

2. Je pense à mon avenir.

_____

3. Je réponds aux questions de mon professeur.

_____

4. Je parle à mes parents.

_____

5. Je déjeune avec un ami.

_____

6. Je vais répondre à mes parents.

_____

_____

[1] *Put each verb into the* **vous** *form.*

42

4.6 *Répondez aux questions.*

1. Qu'est-ce que vous faites dans le cours de français?

   _____

2. Qu'est-ce que les étudiants font à la maison?

   _____

3. Faites-vous votre lit tous les jours?

   _____

4. Regardez le deuxième dessin du Tableau VII (scène de la plage) dans votre livre (page 74). Décrivez le temps qu'il fait.[1]

   _____

   _____

   _____

   _____

APPLICATION: Travaux écrits

( ) **A.** *Questions*

( ) **C.** *Posez des questions*

( ) **D.** *Complétez le passage*

( ) **E.** *Renseignements*

---

[1] *Describe the weather.*

DESSIN 6

CINQUIÈME LEÇON – PREMIÈRE PARTIE

CONVERSATIONS

(   )   **A.**   *Hors-d'œuvre*   (   )   **D.**   *Boisson*

(   )   **B.**   *Viande*   (   )   **E.**   *Addition*

(   )   **C.**   *Légumes*

EXERCICES ORAUX

5.1	A	1	2	3	4	5	6;	1	2	3	4	5	6

5.1   A   1   2   3   4   5   6;   1   2   3   4   5   6

5.2   A¹ 4   5   6   7   8   9   10   11   12

     B   1   2   3   4   5   6   7   8   9   10

     C   1   2   3   4   5   6   7   8   9   10

5.3   A²

     B² 1   2   3   4   5   9   10   11   12

     C   1   2   3   4   5   6

     D   3   4   5   6   7   8

5.4   A   1   2   3   4   5   6;   1   2   3   4   5   6

5.5   A   1   2   3   4   5   6;   1   2   3   4   5   6

5.6   A

     C³ a   b   c   d   e   f   g   h   i   j   k

APPLICATION: Dialogue et questions

(   )   *Vous avez un appétit d'oiseau!*

Questions   1   2   3   4   5   6   7   8   9   10   11   12   13   14

COMPRÉHENSION AUDITIVE

A. *Écoutez ces phrases. Le sujet de chaque phrase est-il au singulier ou au pluriel?* (après 5.1)

1.   s   p   3.   s   p   5.   s   p

2.   s   p   4.   s   p   6.   s   p

---

[1] Utilisez le Dessin 5 (page 38).   [2] Utilisez le Dessin 6 (page 44).

[3] Every other number beginning with the first is recorded.

B. *Regardez le Dessin 6 à la page 44. Indiquez si les commentaires sont vrais ou faux.* (après 5.3)

1. v f   4. v f   7. v f

2. v f   5. v f   8. v f

3. v f   6. v f   9. v f

C. *Charles et Marie déjeunent ensemble. Indiquez si la réponse de Marie est logique et appropriée.* (après 5.3)

1. oui non   3. oui non   5. oui non

2. oui non   4. oui non   6. oui non

D. *Écrivez le nombre que vous entendez dans chaque phrase.*[1] (après 5.6)

1. J'ai _____ francs à la banque.

2. Notre leçon commence à la page _____ .

3. Le dîner coûte _____ francs.

4. Il y a _____ pages dans ce livre.

5. Il y a _____ heures dans une semaine.

6. Il y a _____ étudiants dans cette école.

E. *Voici des commentaires au sujet du dialogue de cette leçon. Indiquez si chaque commentaire est vrai ou faux.*

1. v f   4. v f   7. v f

2. v f   5. v f   8. v f

3. v f   6. v f   9. v f

F. *Nous parlons des repas. Indiquez le mot qui n'appartient pas à chaque série en mettant un cercle autour du nombre correspondant.*[2]

a. 1 2 3 4   e. 1 2 3 4

b. 1 2 3 4   f. 1 2 3 4

c. 1 2 3 4   g. 1 2 3 4

d. 1 2 3 4   h. 1 2 3 4

---

[1] *Write the number you hear in each sentence. Use Arabic numerals.*
[2] *Indicate the word that does not belong in each series by circling the corresponding number.*

CINQUIÈME LEÇON – DEUXIÈME PARTIE

EXERCICES ÉCRITS

5.1 *Répondez aux questions.*
   1. Est-ce que votre professeur comprend toujours ses étudiants?

   _____

   2. Qu'est-ce que vous apprenez à faire dans votre cours?

   _____

   3. À quelle heure prenez-vous votre petit déjeuner?

   _____

   4. Qui est-ce que vous ne comprenez pas très bien?

   _____

   5. Demandez-moi combien de repas je prends chaque jour.

   _____

5.2 *Mettez les phrases suivantes à l'interrogatif en employant l'inversion.*[1]
   1. Jean-Paul attend Jenny.

   _____

   2. Jenny parle à M. Dubois.

   _____

   3. Ils déjeunent ensemble.

   _____

   4. Jenny écoute Jean-Paul.

   _____

   5. Le garçon apporte leur café.

   _____

   6. Jenny a son livre.

   _____

   7. Il pose des questions.

   _____

   8. Elle répond à ses questions.

   _____

5.3 *Vous allez préparer un déjeuner pour deux personnes. Vous allez faire des omelettes au fromage.*
   Mettez l'article partitif approprié devant chaque nom.

_____

[1] *Put the following sentences into the interrogative, using inversion.*

47

1. _____ œufs
2. _____ fromage
3. _____ poivre
4. _____ sel
5. _____ lait
6. _____ café
7. _____ pain
8. _____ salade
9. _____ assiettes
10. _____ couteaux
11. _____ cuillères
12. _____ serviettes
13. _____ eau
14. _____ sucre
15. _____ vin rouge

Répondez affirmativement.

16. N'avez-vous pas d'eau minérale?

_____

17. N'avez-vous pas de viande?

_____

18. N'avez-vous pas d'argent?

_____

19. N'avez-vous pas d'imagination? (beaucoup)

_____

20. Est-ce que je ne pose pas assez de questions? (trop)

_____

5.4 *Répondez aux questions.*
1. Que voulez-vous faire ce soir?

_____

2. Que voulez-vous manger demain?

_____

3. Qu'est-ce que vos parents veulent faire cet été?

_____

4. Qu'est-ce que votre professeur veut faire en classe?

_____

5.5 *Répondez aux questions.*
1. Buvez-vous du Coca-Cola au petit déjeuner?

_____

2. Vos parents boivent-ils du vin?

_____

3. Votre mère boit-elle du jus de carotte?

_____

4. Quand buvons-nous de l'eau?

_____

APPLICATION: Travaux écrits

( )　**A.**　*Questions*

( )　**C.**　*Complétez le passage*

( )　**D.**　*Jouez des rôles*

( )　**E.**　*Répondez aux questions*

( )　**F.**　*Renseignements*

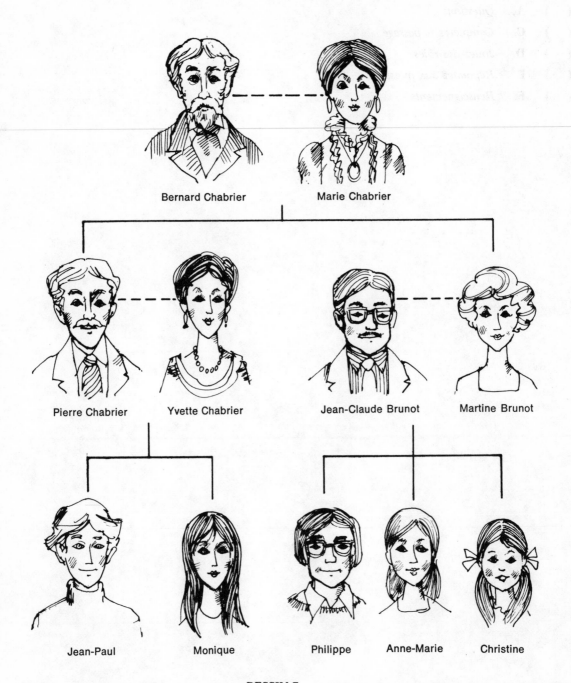

Bernard Chabrier   Marie Chabrier

Pierre Chabrier   Yvette Chabrier   Jean-Claude Brunot   Martine Brunot

Jean-Paul   Monique   Philippe   Anne-Marie   Christine

DESSIN 7

SIXIÈME LEÇON – PREMIÈRE PARTIE

CONVERSATIONS

( )   A.[1]   *La famille Chabrier et la famille Brunot*

EXERCICES ORAUX

6.1	A	1	2	3	4	5	6	7	8		
	C	1	2	3	4	5	6	7	8		
6.2	A	1	2	3	4	5	6	7	8		
6.3	A	1	2	3	4	5	6	7			
	B	1	2	3	4	5	6	7	8		
6.4	A[2]	1	2	3	4	5	6				
	C	1	2	3	4	5	6				
6.5	A	1	2	3	4	5	6	7	8	9	10
	B	1	2	3	4	5	6	7	8		
6.6	A	1	2	3	4	5	6				
	C	1	2	3	4	5	6	7	8	9	10

APPLICATION: Dialogue et questions

( )   *Voilà ma famille.*

Questions   1   2   3   4   5   6   7   8   9   10   11   12

COMPRÉHENSION AUDITIVE

A. *Regardez le Dessin 7 à la page 50. Indiquez si chaque commentaire est vrai ou faux.*

1.	v	f	4.	v	f	7.	v	f
2.	v	f	5.	v	f	8.	v	f
3.	v	f	6.	v	f	9.	v	f

B. *On va faire des courses.*[3] *Indiquez si chaque réponse est logique et appropriée.* (après 6.1)

1.	oui	non	4.	oui	non	7.	oui	non
2.	oui	non	5.	oui	non	8.	oui	non
3.	oui	non	6.	oui	non	9.	oui	non

[1] Utilisez le Dessin 7 (page 50).   [2] Donnez des réponses favorables.
[3] *We are going to do errands.*

C. *Indiquez si chaque phrase exprime une idée favorable ou défavorable.* [1] (après 6.3)

1. favorable   défavorable   5. favorable   défavorable
2. favorable   défavorable   6. favorable   défavorable
3. favorable   défavorable   7. favorable   défavorable
4. favorable   défavorable   8. favorable   défavorable

D. *On va parler de plusieurs personnes. Indiquez si on parle d'un garçon ou d'une jeune fille.* [2] (après 6.3)

1. garçon   fille   ?   5. garçon   fille   ?
2. garçon   fille   ?   6. garçon   fille   ?
3. garçon   fille   ?   7. garçon   fille   ?
4. garçon   fille   ?   8. garçon   fille   ?

E. *Voici une conversation entre Jenny et Jean-Paul. Indiquez si la réponse de Jenny est logique et appropriée.* (après 6.6)

1.   oui   non   4.   oui   non
2.   oui   non   5.   oui   non
3.   oui   non   6.   oui   non

F. *Indiquez si chaque commentaire au sujet du dialogue de cette leçon est vrai ou faux.*

1.   v   f   4.   v   f   7.   v   f
2.   v   f   5.   v   f   8.   v   f
3.   v   f   6.   v   f   9.   v   f

G. Dictée   *Une photo de la famille de Jenny*

_____

_____

_____

_____

_____

_____

_____

---

[1] *Indicate whether each sentence expresses a favorable or unfavorable idea.*
[2] *Circle the question mark if the sentence can refer to either a boy or a girl.*

SIXIÈME LEÇON – DEUXIÈME PARTIE

EXERCICES ÉCRITS

6 .1 *Répondez aux questions.*
1. En France, où va-t-on pour acheter de l'aspirine?

    _____

2. Qu'est-ce qu'on vend à la charcuterie?

    _____

3. Aux États-Unis, qu'est-ce qu'on prend au petit déjeuner?

    _____

    _____

4. Qu'est-ce qu'on fait dans le cours de français? Citez au moins trois choses.[1]

    _____

    _____

6 .2 *Remplissez les tirets par des mots appropriés.[2]*
1. Marie-Claire ne veut pas d'_____ parce qu'elle déteste _____

    _____ .

2. Si vous êtes au régime, ne prenez pas de _____ ; _____

    _____ ont beaucoup de calories.

3. Jean-Paul ne boit pas _____ parce qu'il n'aime pas _____

    _____ .

4. Je prends _____ de pain, _____ de jus

    d'orange et _____ de café au petit déjeuner.

5. _____ lions et _____ tigres ne sont pas

    _____ animaux domestiques.

6.3 *Transformez les phrases suivantes d'après ce modèle.*

Cet homme est généreux. (femme)   **Cette femme est généreuse.**

1. Cet arbre est vieux. (maison)

    _____

2. Cette viande est mauvaise. (fruit)

    _____

_____

[1] *Mention at least three things.*
[2] *Fill in the blanks with appropriate words.*

3. Ces rues sont longues. (crayons)

_____

4. Cette vendeuse est patiente. (vendeur)

_____

Donnez le contraire de chaque adjectif.

5. laid

_____

6. petite

_____

7. lourde

_____

8. vieux

_____

9. paresseux

_____

10. content

_____

11. mauvaise

_____

12. intelligent

_____

6.4 *Mettez tous les éléments de chaque phrase au pluriel.*
1. Tu fais un exercice oral.

_____

2. Cet étudiant cherche un professeur exceptionnel.

_____

3. Cette vendeuse a une voiture japonaise.

_____

4. C'est un homme sympathique.

_____

6.5 *Mettez tous les éléments de chaque phrase au pluriel.*
1. Je regarde un bel hôtel.

_____

2. Veux-tu essayer une autre robe?

_____

3. Il a une jolie fleur.

_____

4. Elle attend une longue lettre.

_____

Modifiez les phrases suivantes d'après ce modèle.

Cette maison est grande.   **C'est une grande maison.**

5. Cet arbre est beau.

_____

6. Cet homme est riche.

_____

7. Ces voitures sont petites.

_____

8. Ces chaises sont légères.

_____

9. Cet hôtel est très vieux.

_____

10. Ces fleurs sont belles.

_____

6.6 *Répondez aux questions suivantes.*
   1. Qu'est-ce que c'est? (crayon)

_____

   2. Quelle est la profession de M. Chabrier? (ingénieur)

_____

   3. Où est mon stylo? (sur la table)

_____

   4. Quelle sorte d'étudiante est Jenny Wilson? (travailleuse)

_____

   5. Qui est cette jeune fille? (Marie)

_____

   6. Quelle est sa profession? (étudiante)

_____

APPLICATION: Travaux écrits
   ( ) **A.** *Questions*
   ( ) **C.** *Posez des questions*
   ( ) **D.** *Complétez le paragraphe*
   ( ) **E.** *Jouez des rôles*
   ( ) **F.** *Composition*
   ( ) **G.** *Renseignements*

Jean-Paul   Monique   Philippe   Christine

DESSIN 8

SEPTIÈME LEÇON – PREMIÈRE PARTIE

CONVERSATIONS

( )   *Expressions utiles*

EXERCICES ORAUX

7.1	A	1	2	3	4	5	6;	1	2	3	4	5	6

7.1   A   1   2   3   4   5   6;   1   2   3   4   5   6

7.2   A[1]   1   2   3   4   5   6

   ☮ B[2]   1   2   3   4   5   6

7.3   A[3]   1   2   3   4   5   6

   ☮ D   1   2   3   4   5   6   7   8

7.4   A   1   2   3   4   5   6

7.5   A   1   2   3   4   5   6;   1   2   3   4   5   6

   C   1   2   3   4   5   6   7   8   9   10   11   12

7.6   A   1   2   3   4   5

APPLICATION: Dialogue et questions

( )   *C'est la meilleure solution!*

Questions   1   2   3   4   5   6   7   8   9   10   11   12

COMPRÉHENSION AUDITIVE

A. *Mettez un cercle autour du mot que vous entendez.*[4]

1. veut, vieux, vu, vous
2. sur, sourd, sort, sœur
3. bout, beau, bu, bœufs
4. feu, fou, faux, fut
5. deux, dieux, doux, du
6. mu, mou, meut, mieux
7. bain, bon, banc
8. mont, ment, main
9. sont, saint, sans
10. pain, pont, pan
11. frein, front, franc
12. rond, rein, rend

B. *Regardez le Dessin 8 à la page 56. Indiquez si chaque commentaire est vrai ou faux.* (après 7.3)

1.	v	f	4.	v	f	7.	v	f
2.	v	f	5.	v	f	8.	v	f
3.	v	f	6.	v	f	9.	v	f

[1] Utilisez le Dessin 8 (page 56).
[2] Questions 4–6 are new.
[3] Each question has beeen renumbered consecutively.
[4] Faites cet exercice après *l'Exercice de prononciation* 11.

C. *Le sujet est-il au singulier ou au pluriel?*

1.	s	p	?	4.	s	p	?	7.	s	p	?
2.	s	p	?	5.	s	p	?	8.	s	p	?
3.	s	p	?	6.	s	p	?	9.	s	p	?

D. *Complétez les phrases suivantes.*[1]

1. Il y a _____ dans deux pieds.
2. Il y a _____ dans deux pouces.
3. Il y a _____ dans trois kilos.
4. Il y a _____ dans trois gallons.
5. Il y a _____ dans une livre.
6. Il y a _____ dans deux milles.

E. *Est-ce que chaque commentaire sur le dialogue de cette leçon est vrai ou faux?*

1.	v	f	4.	v	f	7.	v	f
2.	v	f	5.	v	f	8.	v	f
3.	v	f	6.	v	f	9.	v	f

F. *Indiquez le mot qui n'appartient pas à chaque série.*

a.	1	2	3	4	e.	1	2	3	4
b.	1	2	3	4	f.	1	2	3	4
c.	1	2	3	4	g.	1	2	3	4
d.	1	2	3	4	h.	1	2	3	4

G. Dictée *Un portrait de Monique*

_____

_____

_____

_____

_____

_____

[1] *Complete the following sentences.*

58

SEPTIÈME LEÇON – DEUXIÈME PARTIE

EXERCICES ÉCRITS

7.1 *Répondez aux questions.*

1. Qu'est-ce que le professeur dit quand il arrive au cours?

_____

2. Que dites-vous quand vous quittez la classe?

_____

3. À qui dites-vous «tu»?

_____

7.2 *Regardez le Dessin 8 à la page 56. Faites des phrases d'après ce modèle.*

Comparez Monique et Jean-Paul. (petit)   **Monique est plus petite que Jean-Paul.**

1. Comparez Monique et Philippe. (grand)

_____

2. Comparez Christine et Philippe. (petit)

_____

3. Comparez la lettre de Monique et la lettre de son frère. (long)

_____

4. Comparez la lettre de Christine et la lettre de Philippe. (court)

_____

5. Comparez la valise de Jenny et la valise de Jean-Paul. (lourd)

_____

6. Comparez la valise de Christine et la valise de Philippe. (léger)

_____

7.3 *Répondez aux questions d'après ce modèle.*

Y a-t-il de bons hôtels dans votre ville?   **Oui, et «Mountain Inn» est le meilleur hôtel de notre ville.**

1. Y a-t-il de bons restaurants dans votre ville?

_____

2. Y a-t-il des étudiants sympathiques dans votre cours?

_____

3. Y a-t-il des bâtiments modernes sur votre campus?

_____

4. Y a-t-il de mauvais restaurants dans votre ville?

_____

7.4 *Faites des phrases en utilisant les éléments indiqués.*
    1. Je/appeler/serveuse/et/elle/nettoyer/table.

    _____

    2. Ce/étudiant/essayer/plusieurs/voiture/et/acheter/voiture/blanc.

    _____

    3. Nous/ne pas/manger/carottes/parce que/nous/préférer/asperges.

    _____

7.5 *Répondez aux questions.*
    1. De quelle ville venez-vous?

    _____

    2. D'où vient votre professeur?

    _____

    3. À quelle heure venons-nous au cours?

    _____

    4. Qu'est-ce que vous venez de faire?

    _____

7.6 *Répondez aux questions.*
    1. Ma maison est à cinq kilomètres de l'université. À quelle distance est votre maison de l'université?

    _____

    2. Combien de litres y a-t-il dans dix gallons américains?

    _____

    3. Combien pesez-vous?

    _____

    4. Combien mesurez-vous?

    _____

    5. Quelle est la taille de votre chemise (corsage)?

    _____

APPLICATION: Travaux écrits

    ( ) **A.** *Questions*
    ( ) **C.** *Posez des questions*
    ( ) **D.** *Complétez le paragraphe*
    ( ) **E.** *Jouez des rôles*
    ( ) **F.** *Renseignements*

HUITIÈME LEÇON – PREMIÈRE PARTIE

CONVERSATIONS

( ) *Expressions utiles (la voiture, la bicyclette)*

( ) B. *Voilà la voiture.*

EXERCICES ORAUX

8.1	A	1	2	3	4	5	6								
	C	1	2	3	4	5	6								
8.2	A	1	2	3	4	5	6;	1	2	3	4	5	6		
8.3	A	1	2	3	4	5	6;	1	2	3	4	5	6		
	C	1	2	3	4	5	6	7	8	9	10	11	12	13	14
8.4	A[1]	1	2	3	4	5	6	7	8	9	10	11	12		
	B	1	2	3	4	5	6	7	8						
8.5	A	1	2	3	4	5	6	7	8	9	10				
8.6	A	1	2	3	4	5	6;	1	2	3	4	5	6		

APPLICATION: Dialogue et questions

( ) *Elle est mignonne, ta voiture.*

Questions   1 2 3 4 5 6 7 8 9 10 11 12 13 14

COMPRÉHENSION AUDITIVE

A. *Mettez un cercle autour du mot ou de l'expression que vous entendez.*[2]

1. ils sont/ils ont

2. Jean/Jeanne

3. dans un bateau/dans son bateau

4. cinq francs/cent francs

5. les autres montagnes/les hautes montagnes

6. deux ans/douze ans

7. nous avons/nous savons

8. étudiante/étudiant

---

[1] Each question is renumbered consecutively.
[2] Faites cet exercice après l'*Exercice de prononciation* 14.

9. en eau/en haut

10. mon ami/mon amie

B. *On va parler de Charles et de son amie Marie. Indiquez combien de liaisons vous entendez dans chaque phrase.*[1]

1. _____   4. _____   7. _____
2. _____   5. _____   8. _____
3. _____   6. _____   9. _____

C. *Marie pose des questions à Jenny au sujet de Jean-Paul. Indiquez si les réponses sont logiques et appropriées.* (après 8.4)

1. oui   non   4. oui   non   7. oui   non
2. oui   non   5. oui   non   8. oui   non
3. oui   non   6. oui   non   9. oui   non

D. *Répondez aux questions en employant des pronoms appropriés.*[2] (après 8.4)

1. Oui, _____

2. Non, _____

3. Non, _____

4. Si, _____

5. Non, _____

E. *Le sujet de chaque phrase est-il au singulier ou au pluriel?* (après 8.6)

1. s   p   4. s   p   7. s   p
2. s   p   5. s   p   8. s   p
3. s   p   6. s   p   9. s   p

F. *Voici des commentaires sur le dialogue de cette leçon. Indiquez si chaque commentaire est vrai ou faux.*

1. v   f   4. v   f   7. v   f
2. v   f   5. v   f   8. v   f
3. v   f   6. v   f   9. v   f

---

[1] Faites cet exercice après l'*Exercice de prononciation* 14.
[2] Each question will be read once before a pause and once after.

62

HUITIÈME LEÇON – DEUXIÈME PARTIE

EXERCICES ÉCRITS

8.1 *Répondez aux questions en employant des pronoms appropriés.*
1. Donnez-vous la clé de votre chambre à votre professeur?

_____

2. Montrez-vous vos devoirs à vos voisins?

_____

3. Dites-vous toujours la vérité à vos parents?

_____

4. Racontez-vous vos ennuis à votre père?

_____

8.2 *Répondez aux questions.*
1. Savons-nous toujours la vérité?

_____

2. Vos parents savent-ils que vous parlez français?

_____

3. Qu'est-ce que vous savez bien faire?

_____

4. Qui sait jouer du piano?

_____

8.3 *Répondez aux questions.*
1. Qui connaissez-vous bien?

_____

2. Quelle ville voulez-vous connaître?

_____

3. Vos parents connaissent-ils votre professeur?

_____

4. Quel restaurant connaissez-vous bien?

_____

*Faites des phrases en employant les éléments indiqués. Choisissez d'abord ou **savoir** ou **connaître** selon le cas.*[1]
5. Je/ne pas/savoir, connaître/président/université.

_____

_____

[1] *First choose either **savoir** or **connaître**, as the case may be.*

6. On/savoir, connaître/que/vous/comprendre/français.

_____

7. Nous/savoir, connaître/patiner.

_____

8. Elles/savoir, connaître/bien/ce/leçon.

_____

8.4 *Répondez aux questions en employant des pronoms appropriés.*
1. Me vendez-vous votre livre de français?

_____

2. Vos parents vous racontent-ils toujours leurs ennuis?

_____

3. Votre professeur vous explique-t-il la grammaire?

_____

4. Me donnez-vous votre numéro de téléphone?

_____

8.5 *Posez une question sur la partie soulignée de chaque phrase. Employez l'inversion du nom sujet et le verbe.*
Employez la locution est-ce-que si ce n'est pas possible.
1. Monique demeure à Neuilly.

_____

2. Monique fait ses devoirs.

_____

3. Ses parents parlent de Jean-Paul.

_____

4. Leur fils rentre à Noël.

_____

5. Monique est contente parce que son frère lui evoie un joli cadeau.

_____

6. Jean-Paul envoie une lettre à ses parents.

_____

8.6 *Répondez aux questions.*
1. Pouvez-vous comprendre votre professeur?

_____

2. Qu'est-ce que les étudiants ne peuvent pas faire en classe?

_____

3. Est-ce que je peux vous poser une autre question?

_____

4. Qu'est-ce que vous ne pouvez pas faire ce soir?

_____

APPLICATION: Travaux écrits

( ) **A.** *Questions*

( ) **C.** *Posez des questions*

( ) **D.** *Complétez le passage*

( ) **E.** *Jouez des rôles*

( ) **F.** *Renseignements*

DESSIN 9

NEUVIÈME LEÇON – PREMIÈRE PARTIE

CONVERSATIONS

( )   **A.** *Je vous présente Jacqueline.*

( )   **B.** *Je te présente Philippe.*

EXERCICES ORAUX

9.1	A	1	2	3	4	5	6;	1	2	3	4	5	6			
9.2	A	1	2	3	4	5	6;	1	2	3	4	5	6			
	C	1	2	3	4	5	6	7	8	9	10	11	12	13	14	
9.3	A	1	2	3	4	5	6;	1	2	3	4	5	6			
9.4	A	1	2	3	4	5	6;	1	2	3	4	5	6			
	B	1	2	3	4	5	6	7	8	9	10	11	12			
	D	1	2	3	4	5	6	7	8	9	10	11	12	13	14	15	16
9.5	A	1	2	3	4	5	6	7	8							

APPLICATION: Dialogue et questions

( )   *Je te présente Jean-Paul.*

Questions   1   2   3   4   5   6   7   8   9   10   11   12   13   14

COMPRÉHENSION AUDITIVE

A. *Monsieur Dubois pose des questions à Jenny. Ses réponses sont-elles logiques et appropriées?* (après 9.2)

1. oui non			4. oui non			7. oui non			
2. oui non			5. oui non			8. oui non			
3. oui non			6. oui non			9. oui non			

B. *Le sujet est-il au singulier ou au pluriel?* (après 9.3)

1. s p			3. s p			5. s p		
2. s p			4. s p			6. s p		

C. *Mettez un cercle autour du mot que vous entendez dans chaque phrase.* (après 9.4)

1. déjeuner/déjeunez/déjeuné
2. rencontrer/rencontrez/rencontré
3. regarder/regardez/regardé

4. aller/allez/allé

5. rentré/rentrés/rentrées

6. jouer/jouez/joué

7. arriver/arrivé/arrivée

8. acheter/achète/acheté

D. *Voici des commentaires sur le dialogue de cette leçon. Indiquez si chaque commentaire est vrai ou faux.*

1.	v	f	4.	v	f	7.	v	f
2.	v	f	5.	v	f	8.	v	f
3.	v	f	6.	v	f	9.	v	f

E. *Parlons des maisons. Indiquez le mot qui n'appartient pas à chaque série.*

a.	1	2	3	4	e.	1	2	3	4
b.	1	2	3	4	f.	1	2	3	4
c.	1	2	3	4	g.	1	2	3	4
d.	1	2	3	4	h.	1	2	3	4

NEUVIÈME LEÇON – DEUXIÈME PARTIE

EXERCICES ÉCRITS

9.1 *Répondez aux questions.*
1. Est-ce que vos camarades dorment dans le cours?

_____

2. Combien de temps dormez-vous chaque jour?

_____

3. Où dormez-vous?

_____

9.2 *Mettez les verbes suivants au passé composé.*

1. nous attendons	6. vous finissez
2. je parle	7. ils peuvent
3. elle boit	8. il pleut
4. il veut	9. elles sont
5. j'ai	10. j'essaie

Répondez aux questions.
11. À quelle heure avez-vous déjeuné hier?

_____

12. Où avez-vous fait vos devoirs hier?

_____

13. À qui avez-vous parlé hier après-midi?

_____

9.3 *Répondez aux questions.*
1. À quelle heure partez-vous de la maison pour aller en classe?

_____

2. Quand est-ce qu'on sort de la classe?

_____

3. Sortez-vous ce soir?

_____

9.4 *Mettez les verbes suivants au passé composé.*

1. tu arrives   5. je sors

   _____   _____

2. ils rentrent   6. il part

   _____   _____

3. je viens   7. elle reste

   _____   _____

4. nous allons   8. elles arrivent

   _____   _____

Jacqueline est allée chez sa tante avec son ami Charles. Mettez les verbes soulignés au passé composé.
(1) Nous allons chez ma tante. (2) Nous partons à neuf heures. (3) Il pleut d'abord, puis (4) il neige.
(5) Charles ne veut pas continuer. (6) Nous arrivons chez ma tante. (7) Elle sort de la maison quand
(8) j'arrête la voiture devant le garage. (9) Nous entrons dans la maison. (10) Nous dînons ensemble.
(11) Nous finissons notre dîner. (12) Nous jouons aux cartes. (13) Je parle de mes parents. Bientôt
(14) je monte dans ma chambre. (15) Je prends un bain chaud. (16) Nous regardons la télévision.

1. _____   9. _____
2. _____   10. _____
3. _____   11. _____
4. _____   12. _____
5. _____   13. _____
6. _____   14. _____
7. _____   15. _____
8. _____   16. _____

9.5   *Ajoutez des phrases d'après ce modèle.*

Vous parlez espagnol. (vrai)   **Ça, c'est vrai** (ou bien: **Ce n'est pas vrai, ça.**)

1. Vous ne dormez pas assez. (vrai)

   _____

2. Votre professeur est marié. (possible)

   _____

3. Vous ne faites pas de progrès en français. (faux)

   _____

4. J'ai perdu la clé de ma chambre. (bon)

   _____

5. Jacqueline est au régime; elle ne prend pas de petit déjeuner. (bête)

   _____

APPLICATION: Travaux écrits

( )   **A.**   *Questions*

( )   **C.**   *Posez des questions*

( )   **D.**   *Complétez le passage*

( )   **E.**   *Jouez des rôles*

( )   **F.**   *Composition*

( )   **G.**   *Renseignements*

DIXIÈME LEÇON – PREMIÈRE PARTIE

CONVERSATIONS

( )   *Expressions utiles*

EXERCICES ORAUX

10.1	A	1	2	3	4	5	6;	1	2	3	4	5	6
10.2	A	1	2	3	4	5	6;	1	2	3	4	5	6
	B	1	2	3	4	5	6	7	8				
	C	1	2	3	4	5	6	7	8				
10.3	A	1	2	3	4	5	6;	1	2	3	4	5	6
	B	1	2	3	4	5	6						
	E	1	2	3	4	5	6	7	8	9			
10.4	A	1	2	3	4	5	6;	1	2	3	4	5	6
10.5	A	1	2	3	4	5	6;	1	2	3	4	5	6
	B	1	2	3	4	5	6	7	8				

APPLICATION: Dialogue et questions

( )   *Il y a eu un accident.*

Questions   1   2   3   4   5   6   7   8   9   10   11   12   13   14

COMPRÉHENSION AUDITIVE

A.   *Regardez le Dessin 9 à la page 66 et indiquez si chaque commentaire est vrai ou faux.*

1.	v	f	4.	v	f	7.	v	f
2.	v	f	5.	v	f	8.	v	f
3.	v	f	6.	v	f			

B.   *Voici une conversation entre Jenny et Jean-Paul. Indiquez si les réponses de Jenny sont logiques et appropriées.* (après 10.3)

1.	oui	non	4.	oui	non
2.	oui	non	5.	oui	non
3.	oui	non	6.	oui	non

C.   *Mettez un cercle autour du mot que vous entendez.*

1.   parle/parlé/parlais

2.   mange/mangé/mangeais/manger

73

3. cherche/cherché/cherchait/chercher

4. connaissent/connaissait/connaissaient

5. allé/allais/aller/allez

6. étudier/étudié/étudiait

7. poser/posé/posait/posez

D. *Voici quelques commentaires au sujet du dialogue de cette leçon. Indiquez si chaque commentaire est vrai ou faux.*

1.	v	f	4.	v	f	7.	v	f
2.	v	f	5.	v	f	8.	v	f
3.	v	f	6.	v	f	9.	v	f

E. *Savez-vous conduire? Dites si chaque phrase est logique ou absurde.*

1.	logique	absurde	4.	logique	absurde	7.	logique	absurde
2.	logique	absurde	5.	logique	absurde	8.	logique	absurde
3.	logique	absurde	6.	logique	absurde	9.	logique	absurde

F. Dictée *Un accident d'automobile*

_____

_____

_____

_____

_____

_____

DIXIÈME LEÇON – DEUXIÈME PARTIE

EXERCICES ÉCRITS

10.1 *Répondex aux questions.*
1. Comment conduit-on quand il neige?

   _____

2. Traduisez-vous beaucoup de phrases en anglais?

   _____

3. Quels pays produisent beaucoup de vin?

   _____

4. Avez-vous détruit votre livre de français?

   _____

10.2 *Répondez aux questions en employant ne . . . **jamais** ou ne . . . **plus.***
1. Dormez-vous en classe?

   _____

2. Étudiez-vous encore à la high school?

   _____

3. Avez-vous jamais voyagé à Cuba?

   _____

4. Répondez-vous en anglais quand on vous pose une question en français?

   _____

10.3 *Répondez aux questions.*
1. Sortiez-vous avec des garçons (des filles) quand vous aviez seize ans?

   _____

2. Parliez-vous français quand vous étiez petit(e)?

   _____

3. Votre professeur vous connaissait-il l'année dernière?

   _____

4. Que faisaient vos camarades hier quand vous êtes arrivé(e) au cours?

   _____

5. Quel temps faisait-il hier quand vous êtes rentré(e)?

   _____

6. Que faisiez-vous hier soir à neuf heures?

   _____

Jenny parle de son voyage à Montréal. Mettez les verbes soulignés au passé composé ou à l'imparfait selon le cas.

(1) Nous partons pour Montréal à sept heures. D'abord (2) nous allons au vieux Montréal. (3) Il fait froid et (4) nous avons faim. (5) Nous déjeunons dans un restaurant près de la place Jacques Cartier. Le restaurant (6) est bondé et (7) nous attendons notre tour presque dix minutes. Après le déjeuner (8) je montre à Jean-Paul le parc Maisonneuve, site des Jeux Olympiques de 1976. Ensuite (9) nous visitons beaucoup de boutiques. (10) Il est presque six heures quand (11) nous décidons de rentrer. Le voyage (12) est pénible. (13) Il pleut, la route (14) est glissante et (15) il y a beaucoup de circulation. Ma mère nous (16) attend quand (17) nous rentrons à onze heures. (18) Nous ne sommes pas trop fatigués, et (19) nous regardons la télévision jusqu'à deux heures du matin.

1. _____
2. _____
3. _____
4. _____
5. _____
6. _____
7. _____
8. _____
9. _____
10. _____

11. _____
12. _____
13. _____
14. _____
15. _____
16. _____
17. _____
18. _____
19. _____

10.4 *Répondez aux questions.*

1. Que voyez-vous par la fenêtre de votre chambre?

_____

2. Qui vous voit souvent?

_____

3. Est-ce que je vous vois maintenant?

_____

4. Qui voyiez-vous souvent quand vous aviez quinze ans?

_____

APPLICATION: Travaux écrits

( ) **A.** *Questions*

( ) **C.** *Complétez le passage*

( ) **D.** *Jouez des rôles*

( ) **E.** *Posez des questions*

( ) **F.** *Renseignements*

ONZIÈME LEÇON – PREMIÈRE PARTIE

CONVERSATIONS

( ) A. *J'ai mal à la tête.*

( ) B. *Je me brosse les cheveux.*

( ) C. *Ne quittez pas!*

EXERCICES ORAUX

11.1	A	1	2	3	4	5	6	7	8				
11.2	A	1	2	3	4	5	6;	1	2	3	4	5	6
11.3	A	1	2	3	4	5	6;	1	2	3	4	5	6
	B	1	2	3	4	5	6	7	8				
	C	1	2	3	4	5	6	8	9	10			
11.4	A	1	2	3	4	5	6;	1	2	3	4	5	6
	B	1	2	3	4	5	6	7	8	9	10		
11.5	A	1	2	3	4	5	6	7	8	9	10		

APPLICATION: Dialogue et questions

( ) *J'ai la grippe!*

Questions   1   2   3   4   5   6   7   8   9   10   11

COMPRÉHENSION AUDITIVE

A. *Mettez un cercle autour du mot que vous entendez.* (après 11.1)

1. fait/faits/faite/faites

2. fini/finis/finie/finies

3. étudié/étudiés/étudiée/étudiées

4. payé/payés/payée/payées

5. copié/copiés/copiée/copiées

6. parti/partis/partie/parties

7. arrivé/arrivés/arrivée/arrivées

8. acheté/acheter/achetais/achète

B. *Indiquez si chaque phrase est logique.* (après 11.3)

1.	oui	non	4.	oui	non	7.	oui	non
2.	oui	non	5.	oui	non	8.	oui	non
3.	oui	non	6.	oui	non	9.	oui	non

C. *Monsieur Dubois parle à Marie. Indiquez si les réponses de Marie sont logiques et appropriées.* (après 11.4)

1.	oui	non	4.	oui	non	7.	oui	non
2.	oui	non	5.	oui	non	8.	oui	non
3.	oui	non	6.	oui	non	9.	oui	non

D. *Écrivez les dates que vous entendez.* (après 11.5)

1. Le général de Gaulle: _____

2. Jean-Jacques Rousseau: _____

3. Michel de Montaigne: _____

4. Karl Marx: _____

5. Marcel Proust: _____

6. Mao Tsé-Toung: _____ ; _____

E. *Indiquez si chaque commentaire sur le dialogue de cette leçon est vrai ou faux.*

1.	v	f	4.	v	f	7.	v	f
2.	v	f	5.	v	f	8.	v	f
3.	v	f	6.	v	f	9.	v	f

F. *Indiquez le mot qui n'appartient pas à chaque série.*

a.	1	2	3	4		e.	1	2	3	4
b.	1	2	3	4		f.	1	2	3	4
c.	1	2	3	4		g.	1	2	3	4
d.	1	2	3	4		h.	1	2	3	4

G. Dictée *J'avais mal à la tête.*

_____

_____

_____

_____

_____

_____

ONZIÈME LEÇON – DEUXIÈME PARTIE

EXERCICES ÉCRITS

11.1 *Répondez aux questions en employant des pronoms appropriés.*
1. Avez-vous regardé la télé ce matin?

     _____

2. Avez-vous fait vos devoirs hier?

     _____

3. Est-ce que votre professeur vous a expliqué la grammaire hier?

     _____

4. Avez-vous compris les questions précédentes?

     _____

11.2 *Faites des phrases en employant les éléments indiqués.*
1. Je/ne pas/écrire/lettres/en classe.

     _____

2. Je/écrire/composition/hier soir/quand/tu/me/téléphoner.

     _____

     _____

3. Voici/lettre/pour/Paul; /je/la/écrire/hier.

     _____

11.3 *Répondez aux questions.*
1. Comment vous appelez-vous?

     _____

2. À quelle heure vous levez-vous?

     _____

3. À quelle heure vous couchez-vous?

     _____

4. Où est-ce que vous vous brossez les dents?

     _____

5. Demandez-moi où je m'habille.

     _____

6. Que fait-on quand on est en retard?

     _____

7. Vous êtes en classe. Votre voisin dort. Dites-lui de se réveiller.[1]

     _____

_____
[1] *Tell him to wake up.*

11.4 *Mettez les phrases suivantes au passé composé.*
1. Ma mère se lève à sept heures.

    _____

2. Mes parents se promènent dans le jardin.

    _____

3. Ces étudiants se couchent tard.

    _____

4. Cette dame se lave les mains.

    _____

5. Vous vous dépêchez, Gisèle?

    _____

6. Tu te foules la cheville, Jeanne?

    _____

Répondez aux questions.
7. À quelle heure vous êtes-vous couché(e) hier soir?

    _____

8. Et à quelle heure vous êtes-vous levé(e) ce matin?

    _____

9. Combien de temps avez-vous dormi, alors?

    _____

10. Quand est-ce que vous vous êtes coupé les ongles?

    _____

11.5 *Écrivez les nombres en toutes lettres.*[1]
1. La date de la prise de la Bastille est le 14 juillet 1789.

    _____

2. Le Rhin a 1.298 km de cours.

    _____

3. Il y a 394.000 habitants dans l'agglomération de Nantes.

    _____

4. Mon numéro de téléphone est 994 72 06.

    _____

5. Mon frère est né le 16 avril 1964.

    _____

APPLICATION: Travaux écrits

( ) A. *Questions*   ( ) E. *Complétez le dialogue*

( ) C. *Posez des questions*   ( ) F. *Renseignements*

( ) D. *Complétez le paragraphe*

---
[1] *Spell out the numbers.*

80

DOUZIÈME LEÇON – PREMIÈRE PARTIE

CONVERSATIONS

( )   *Expressions utiles (pays, capitales et habitants)*

( )   C.   *En route*

EXERCICES ORAUX

12.1 ☻ A[1]	1	2	3	4	5	6	7	8	9	10	11	12	13	14	15	16
12.2 A	1	2	3	4	5	6	7	8								
12.3 A	1	2	3	4	5	6;	1	2	3	4	5	6				
B[2]	1	2	3	4												
C	1	2	3	4	5	6	7	8	9	10	11	12	13	14	15	16
12.4 A	1	2	3	4	5	6;	1	2	3	4	5	6				
12.5 A	1	2	3	4	5	6	7	8	9	10						
B	1	2	3	4	5	6	7	8								

APPLICATION: Dialogue et questions

( )   *Allons à Paris!*

Questions   1   2   3   4   5   6   7   8   9   10   11   12   13

COMPRÉHENSION AUDITIVE

A.   *Parlons des pays d'Europe. Indiquez si chaque phrase est logique et appropriée.* (après 12.1)

1. oui non		4. oui non		7. oui non			
2. oui non		5. oui non		8. oui non			
3. oui non		6. oui non		9. oui non			

B.   *Voici une conversation entre Jean-Paul et Charles. Indiquez si les réponses de Charles sont logiques et appropriées.* (après 12.3)

1. oui non		4. oui non		7. oui non			
2. oui non		5. oui non		8. oui non			
3. oui non		6. oui non		9. oui non			

---

[1] Chaque phrase a été renumérotée consécutivement. La seconde moitié de l'exercice est différente.
[2] On utilise les phrases 6–10 du Dessin 5.

C. *Indiquez si chaque commentaire au sujet du dialogue de cette leçon est vrai ou faux.*

1.	v	f		4.	v	f		7.	v	f
2.	v	f		5.	v	f		8.	v	f
3.	v	f		6.	v	f		9.	v	f

D. *Connaissez-vous bien la géographie? Indiquez le mot qui n'appartient pas à chaque série.*

a.	1	2	3	4	e.	1	2	3	4
b.	1	2	3	4	f.	1	2	3	4
c.	1	2	3	4	g.	1	2	3	4
d.	1	2	3	4					

E. *Écrivez le nom des pays francophones de l'Afrique qui vous sont épelés.*

1. _____   5. _____

2. _____   6. _____

3. _____   7. _____

4. _____   8. _____

DOUZIÈME LEÇON – DEUXIÈME PARTIE

EXERCICES ÉCRITS

12.1   *Répondez aux questions.*
   1. Citez deux pays d'Europe où la monarchie existe.

   _____

   2. Quels sont les pays voisins de la Suisse?

   _____

   _____

   3. Quelles sont les langues romanes?[1]

   _____

   _____

   4. Quels sont les états voisins de la Virginie?

   _____

   _____

12.2   *Répondez aux questions en employant des pronoms personnels toniques.*
   1. Avez-vous peur des agents de police?

   _____

   2. Avez-vous besoin de votre père?

   _____

   3. Votre professeur est-il plus jeune que vous?

   _____

   4. Je prends du vin avec mon dîner. Et vous?

   _____

   5. Êtes-vous jamais allé(e) chez Jenny Wilson?

   _____

12.3   *Mettez les verbes soulignés au futur ou au futur antérieur selon le cas.*
   (1) J'ai un mois de vacances après les examens et (2) je peux aller en France. D'abord (3) je rentre chez moi avec Jean-Paul aussitôt que les cours (4) sont terminés. Ensuite (5) nous allons à New York, d'où (6) nous partons pour Paris. (7) Je loge chez les Chabrier et (8) ils veulent me montrer Paris. (9) Je vous envoie une lettre dès que (10) je suis arrivée à Paris. (11) Vous me répondez, n'est-ce pas? (12) Je prends beaucoup de photos et (13) je connais bien Paris. (14) Je fais beaucoup de progrès en français, car (15) je ne parle pas anglais quand (16) je suis en France.

_____

[1] *langues romanes*   *Romance languages*

1. _____	9. _____
2. _____	10. _____
3. _____	11. _____
4. _____	12. _____
5. _____	13. _____
6. _____	14. _____
7. _____	15. _____
8. _____	16. _____

12.4 *Répondez aux questions.*
1. Quel journal lisez-vous?

   _____

2. Vos parents lisent-ils des romans?

   _____

3. Qu'est-ce que vous avez lu hier?

   _____

4. Demandez-moi si je lis des journaux français.

   _____

12.5 *Répondez aux questions en employant* **rien** *ou* **personne**.
1. Y a-t-il quelqu'un sous votre lit?

   _____

2. Avez-vous perdu quelque chose ce matin?

   _____

3. Est-ce que quelqu'un vous dérange maintenant?

   _____

4. Est-ce que tout est trop difficile dans votre livre de français?

   _____

5. Avez-vous besoin de quelque chose en ce moment?

   _____

APPLICATION: Travaux écrits

( ) **A.** *Questions*

( ) **C.** *Posez des questions*

( ) **D.** *Complétez le passage*

( ) **E.** *Jouez des rôles*

( ) **F.** *Renseignements*

TREIZIÈME LEÇON – PREMIÈRE PARTIE

CONVERSATIONS

(   )   **A.**   *M. Dubois nous invite*

(   )   **B.**   *Acceptez-vous ou refusez-vous?*

EXERCICES ORAUX

13.1	A	1	2	3	4	5	6;	1	2	3	4	5	6		
13.2	A	1	2	3	4	5	6								
	B	1	2	3	4	5	6	7	8	9	10				
13.3	A	1	2	3	4	5	6;	1	2	3	4	5	6		
13.4	A[1]	1	2	3	4	5	6								
	B	1	2	3	4	5	6	7	8						
13.5	A[2]	2	3	4	5	6	7	8	9	10	11	12			
	B	1	2	3	4	5	6	7	8	9	10	11	12		
	C	1	2	3	4	5	6	7	8	9	10	11	12	13	14
13.6	A[3]	1	2	3	4	5	6	7	8	9	10				

APPLICATION: Dialogue et questions

(   )   *Chez les Dubois*

Questions   1   2   3   4   5   6   7   8   9   10   11   12

COMPRÉHENSION AUDITIVE

A.   *Jenny va parler de ses camarades dans son cours. Indiquez si le sujet de chaque phrase est au singulier ou au pluriel.* (après 13.3)

1.	s	p	?	4.	s	p	?	7.	s	p	?
2.	s	p	?	5.	s	p	?	8.	s	p	?
3.	s	p	?	6.	s	p	?	9.	s	p	?

B.   *Voici une conversation entre Monique et son cousin Philippe. Indiquez si la réponse de Philippe est logique et appropriée.* (après 13.5)

---

[1] Expansion items in brackets are not recorded.
[2] Dessin 5 (page 38).
[3] Chaque question a été renumérotée consécutivement.

1. oui non	4. oui non	7. oui non
2. oui non	5. oui non	8. oui non
3. oui non	6. oui non	9. oui non

C. *Répondez aux questions en employant des pronoms appropriés.* (après 13.5)

1. Oui, _____

2. Non, _____

3. Non, _____

4. Oui, _____

5. Mais si, _____

D. *Voici quelques commentaires au sujet du dialogue de cette leçon. Indiquez si chaque commentaire est vrai ou faux.*

1. v f	4. v f	7. v f
2. v f	5. v f	8. v f
3. v f	6. v f	9. v f

E. Dictée   *Une soirée chez Jean-Paul*

_____

_____

_____

_____

_____

_____

_____

TREIZIÈME LEÇON – DEUXIÈME PARTIE

EXERCICES ÉCRITS

13.1 *Répondez aux questions.*
1. Votre professeur s'assied-il en classe?

   _____

2. Entre quels étudiants ou près de quel étudiant êtes-vous assis(e) dans le cours de français?

   _____

3. Dites-moi de m'asseoir et de me reposer un peu.

   _____

13.2 *Répondez aux questions en employant des pronoms appropriés.*
1. Pensez-vous souvent à votre avenir?

   _____

2. Faites-vous vos devoirs en classe?

   _____

3. Pensez-vous à vos parents en ce moment?

   _____

4. Combien de fois par semaine allez-vous au cours de français?

   _____

5. Avez-vous répondu à la question précédente?

   _____

6. Obéissiez-vous toujours à vos parents quand vous étiez petit(e)?

   _____

13.3 *Répondez aux questions.*
1. Que recevons-nous à Noël?

   _____

2. Recevez-vous des professeurs chez vous?

   _____

3. Avez-vous jamais reçu une lettre anonyme[1]?

   _____

13.4 *Répondez aux questions en employant des pronoms appropriés.*
1. Buvez-vous de la bière de temps en temps?

   _____

---

[1] anonyme *anonymous*

2. Combien de cours avez-vous demain?

_____

3. Y a-t-il des chats dans la classe?

_____

4. Parle-t-on de Paris dans votre cours?

_____

5. À qui parlez-vous de vos parents?

_____

6. Avez-vous assez d'argent sur vous pour aller au cinéma?

_____

13.5 *Ajoutez des phrases d'après ce modèle.*

   J'ai parlé à Marianne.   **Ah oui? tu lui as parlé?**

1. J'ai téléphoné à Marianne.

   Ah oui? _____

2. Nous sommes allés au cinéma.

   Ah oui? _____

3. J'ai rencontré Paul au cinéma.

   Ah oui? _____

4. J'ai présenté Paul à Marianne.

   Ah oui? _____

5. Il nous a parlé de son voyage en France.

   Ah oui? _____

6. Il a deux oncles qui[1] habitent à Paris.

   Ah oui? _____

7. Il nous a parlé de ses oncles.

   Ah oui? _____

8. Il a montré leurs photos à Marianne.

   Ah oui? _____

13.6 *Écrivez ces fractions en toutes lettres.*

1. 1/2		4. 9/10
2. 1/3		5. 1/4
3. 1/5		6. 2/3

[1] **qui** *who*

88

APPLICATION: Travaux écrits

( ) **A.** *Questions*

( ) **C.** *Posez des questions*

( ) **D.** *Complétez le passage*

( ) **E.** *Faites un dialogue*

( ) **F.** *Faites une description*

( ) **G.** *Renseignements*

QUATORZIÈME LEÇON – PREMIÈRE PARTIE

CONVERSATIONS

(   )   A.   *Au voleur!*

(   )   B.   *Qu'est-ce qu'il y a?*

EXERCICES ORAUX

14.1	A	1	2	3	4	5	6;	1	2	3	4	5	6
14.2	A	1	2	3	4	5	6	7	8
14.3	A	1	2	3	4	5	6	7	8
	B	1	2	3	4	5	6
	C	1	2	3	4	5	6	7	8
14.4	A	1	2	3	4	5	6
	B	1	2	3	4	5	6	7	8
	C	1	2	3	4	5	6	7	8
14.5	A	1	2	3	4	5	6	7	8	9	10

APPLICATION: Dialogue et questions

(   )   *Nous survolons Paris!*

Questions   1   2   3   4   5   6   7   8   9   10   11   12   13   14

COMPRÉHENSION AUDITIVE

A.   *Indiquez le pronom relatif qui manque dans chaque phrase. (Exemple: Si vous entendez «Je cherche le cahier . . . vous m'avez donné», vous écrirez «que».) (après 14.4)*

1. _____   5. _____

2. _____   6. _____

3. _____   7. _____

4. _____   8. _____

B.   *Voici des commentaires sur le dialogue de cette leçon. Indiquez si chaque commentaire est vrai ou faux.*

1.   v   f   4.   v   f   7.   v   f

2.   v   f   5.   v   f   8.   v   f

3.   v   f   6.   v   f   9.   v   f

C. *Dites combien de liaisons vous entendez dans chaque phrase.*

1. _____
2. _____
3. _____

4. _____
5. _____
6. _____

7. _____
8. _____
9. _____

D. *Où se passent les dialogues suivants?*

1. a. On est dans une salle de classe.
   b. On est dans un avion.
   c. On est dans un taxi.

2. a. On passe la douane.
   b. On parle à un agent de police.
   c. On est dans une boutique.

3. a. On prend un dessert.
   b. On offre du vin.
   c. On boit de l'eau minérale.

4. a. On est dans un autobus.
   b. On est dans un avion.
   c. On est dans un train.

5. a. On déjeune dans un restaurant.
   b. On est chez le médecin.
   c. On parle à un mécanicien.

6. a. On présente Marie-Laure à un copain.
   b. On présente Marie-Laure à une amie.
   c. On présente Marie-Laure à un étranger.

E. Dictée *L'Arrivée de Jenny à Roissy*

_____

_____

_____

_____

_____

_____

QUATORZIÈME LEÇON – DEUXIÈME PARTIE

EXERCICES ÉCRITS

14.1 *Répondez aux questions.*
    1. Votre livre est-il ouvert ou fermé?

_____

    2. Quand est-ce que vous offrez des cadeaux à vos parents?

_____

    3. Avez-vous offert quelque chose à votre professeur?

_____

    4. Qui a découvert l'Amérique?   En quelle année?

_____

14.2 *Reliez les deux phrases en employant le pronom relatif* **qui**.
    1. Voilà un pilote; il est sympa.

_____

    2. L'hôtesse est Française; elle monte à bord.

_____

    3. L'avion arrive de Paris; il est en retard.

_____

    4. Voilà la valise; elle est très lourde.

_____

14.3 *Reliez les deux phrases en employant* **qui** *ou* **que**.
    1. Voilà la rue; je l'ai traversée.

_____

    2. Voilà la serveuse; elle parle anglais.

_____

    3. Je regarde le menu; elle me l'a apporté.

_____

    4. Je commande un repas; il ne coûte pas cher.

_____

    5. Je mange la soupe; je l'ai commandée.

_____

    6. Voici l'addition; je vais la payer.

_____

14.4 *Reliez les deux phrases en employant des pronoms relatifs appropriés.*

1. Voilà la valise; vous la cherchiez.

   _____

2. Voilà l'hôtesse; je lui ai parlé.

   _____

3. Voilà le passeport; j'en ai besoin.

   _____

4. Voilà le journal; vous y pensiez.

   _____

5. Voilà le pilote; je le trouve beau.

   _____

6. Voilà l'hôtesse; je parlais d'elle.

   _____

Voici un monologue de Charles. Remplacez chaque numéro par le pronom relatif approprié.
Voici le livre (7) nous employons dans le cours de français. Je regarde les photos (8) sont dans le livre. Il y a une photo (9) m'intéresse beaucoup. Voilà la photo (10) je parle. C'est la photo (11) je pense souvent. La jeune fille (12) est sur la photo est belle. Regardez la robe élégante (13) elle porte. C'est une jeune fille (14) je trouve charmante et (15) je veux faire la connaissance. J'écrirai à la maison[1] (16) a publié le livre. Ils savent peut-être son nom!

7. _____   12. _____

8. _____   13. _____

9. _____   14. _____

10. _____   15. _____

11. _____   16. _____

14.5 *Répondez aux questions.*
   1. Qu'est-ce que c'est qu'une serveuse?

   _____

   2. Qu'est-ce que c'est qu'un triangle?

   _____

   3. Qu'est-ce que c'est qu'un déjeuner?

   _____

   4. Qu'est-ce que c'est qu'un chauffeur?

   _____

APPLICATION: Travaux écrits

( ) **A.** *Questions*   ( ) **E.** *Jouez des rôles*
( ) **C.** *Posez des questions* ( ) **F.** *Composition*
( ) **D.** *Complétez le passage* ( ) **G.** *Renseignements*

_____

[1] maison *company*

94

30F   120F   120F   160F

Christine   Philippe   Jean-Paul   Jenny

DESSIN 10

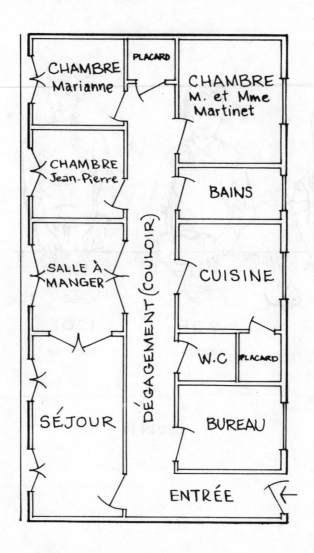

DESSIN 11

QUINZIÈME LEÇON – PREMIÈRE PARTIE

CONVERSATIONS

( )   *Expressions utiles*

EXERCICES ORAUX

15.1	A	1	2	3	4	5	6			
	C	1	2	3	4	5	6			
15.2	A	1	2	3	4	5	6	7		
	B	1	2	3	4	5	6	7		
15.3	A	1	2	3	4	5	6	7	8	
	B	1	2	3	4	5	6	7	8	
15.4	A[1]	1	2	3	4	5	6	7	8	9	10

APPLICATION: Dialogue et questions

( )   *Quelle jolie chambre!*

Questions   1   2   3   4   5   6   7   8   9   10   11   12   13   14

COMPRÉHENSION AUDITIVE

A. *Jenny parle à Monique dans sa chambre. Indiquez si la réponse de Monique est logique et appropriée.*
    (après 15.1)

1.	oui	non		4.	oui	non
2.	oui	non		5.	oui	non
3.	oui	non		6.	oui	non

B. *Mettez un cercle autour du verbe que vous entendez.* (après 15.3)

1. est parti/était parti/étaient partis
2. étudiais/étudié/étudier
3. avait vu/avez vu/aviez vu
4. était venu/est venu
5. avait fini/avez fini/avaient fini
6. es/été/étais

---

[1] Utilisez le Dessin 8 (page 56).

C. *Regardez le Dessin 10 à la page 95. Indiquez si chaque commentaire est vrai ou faux.* (après 15.4)

1. v f   4. v f   7. v f
2. v f   5. v f   8. v f
3. v f   6. v f   9. v f

D. *Indiquez si les commentaires au sujet du dialogue de cette leçon sont vrais ou faux.*

1. v f   4. v f   7. v f
2. v f   5. v f   8. v f
3. v f   6. v f   9. v f

E. *Regardez le Dessin 11 à la page 96. C'est le plan d'un appartement parisien. Mettez-vous à l'entrée et indiquez si chaque commentaire est vrai ou faux.*

1. v f   4. v f   7. v f
2. v f   5. v f   8. v f
3. v f   6. v f   9. v f

F. *Écrivez l'adresse et le numéro de téléphone que vous entendez.*
1. l'Ambassade américaine

_____

_____

2. l'American Express

_____

_____

3. Tour d'Argent

_____

_____

G. *Voici des commentaires sur la lecture (**La France**). Indiquez si chaque commentaire est vrai ou faux.*

1. v f   4. v f   7. v f
2. v f   5. v f   8. v f
3. v f   6. v f   9. v f

QUINZIÈME LEÇON – DEUXIÈME PARTIE

EXERCICES ÉCRITS

15.1   *Répondez aux questions d'après ce modèle.*

Je peux mettre ma valise dans la voiture?   **Ne l'y mettez pas maintenant; mettez l'y plus tard.**

1.   Je peux mettre mes robes dans l'armoire?

_____

_____

2.   Je peux vous parler de mes projets?

_____

_____

3.   Je peux vous lire cette lettre?

_____

_____

4.   Je peux vous donner cet argent?

_____

_____

15.2   *Répondez aux questions en employant **tout, toute, tous** ou **toutes**.*
1.   Avez-vous étudié la Leçon 14?

_____

2.   Pouvez-vous répondre aux questions du professeur?

_____

3.   Avez-vous fait l'exercice précédent?

_____

4.   Connaissez-vous les étudiants dans votre cours?

_____

5.   Avez-vous fait vos devoirs pour demain?

_____

15.3   *Modifiez les phrases suivantes d'après ce modèle.*

Je suis à l'heure parce que je me suis dépêché.   **Vous étiez à l'heure parce que vous vous étiez dépêché.**

1.   J'ai faim parce que je n'ai rien mangé.

_____

2.   Je ne sais plus l'adresse de Paul car je l'ai perdue.

_____

99

3. Il fait froid parce qu'il a neigé.

_____

4. Je vais chez Paul, mais il est déjà parti.

_____

5. Je trouve le message qu'il m'a laissé.

_____

15.4 *Répondez aux questions.*
1. J'ai douze dollars sur moi. Avez-vous autant d'argent sur vous?

_____

2. Avez-vous plus d'argent aujourd'hui qu'hier?

_____

3. Regardez le Dessin 10 à la page 95. Qui a le plus d'argent?

_____

4. (Dessin 10) Qui a plus d'argent que Philippe?

_____

5. (Dessin 10) Qui a moins d'argent que Christine?

_____

6. (Dessin 10) Qui a autant d'argent que Philippe?

_____

APPLICATION: Travaux écrits

( ) A. *Questions*
( ) C. *Complétez le passage*
( ) D. *Jouez des rôles*
( ) E. *Faites une description*
( ) F. *Renseignements*
( ) G. *Lecture* (La France)

SEIZIÈME LEÇON – PREMIÈRE PARTIE

CONVERSATIONS

( )   **A.**   *C'est le Louvre!*

( )   **B.**   *Du haut d'une tour*

( )   **C.**   *Quel beau bâtiment!*

EXERCICES ORAUX

16.1	A	1	2	3	4	5	6						
	B	3	4	5	6	7	8						
16.2	A¹	1	2	3	4	5	6	7	8	9	10	11	12
16.3	B	1	2	3	4	5	6	7	8	9			
	C	1	2	3	4	5	6	7	8				
16.4	A	1	2	3	4	5	6	7	8				
16.5	A²	1	2	3	4	5	6						
	C	1	2	3	4	5	6	7	8	9	10		

APPLICATION: Dialogue et questions

( )   *Quel panorama magnifique!*

Questions   1   2   3   4   5   6   7   8   9   10   11   12   13   14

COMPRÉHENSION AUDITIVE

A. *Monique pose des questions à Jean-Paul. Indiquez si le verbe principal dans chaque phrase doit avoir une préposition en mettant un cercle autour de a, b ou c. (Exemple: Si vous entendez «Est-ce que tu aides Jenny . . . apprendre le français?», vous mettrez un cercle autour de a.)* (après 16.4)

1. a.   à
   b.   de
   c.   aucune

2. a.   à
   b.   de
   c.   aucune

3. a.   à
   b.   de
   c.   aucune

4. a.   à
   b.   de
   c.   aucune

5. a.   à
   b.   de
   c.   aucune

6. a.   à
   b.   de
   c.   aucune

---

[1] Chaque question a été renumérotée consécutivement.

[2] Ajoutez **moi aussi** devant les réponses affirmatives et **moi non plus** devant les réponses négatives.

7.	a.	**à**		9.	a.	**à**		11.	a.	**à**
	b.	**de**			b.	**de**			b.	**de**
	c.	aucune			c.	aucune			c.	aucune
8.	a.	**à**		10.	a.	**à**		12.	a.	**à**
	b.	**de**			b.	**de**			b.	**de**
	c.	aucune			c.	aucune			c.	aucune

B. *Indiquez si chaque phrase exprime une idée favorable ou défavorable.* (après 16.4)

1. favorable   défavorable   5. favorable   défavorable
2. favorable   défavorable   6. favorable   défavorable
3. favorable   défavorable   7. favorable   défavorable
4. favorable   défavorable   8. favorable   défavorable

C. *Voici une conversation entre Monique et Jenny. Indiquez si la réponse de Jenny est logique et appropriée.* (après 16.5)

1. oui   non   4. oui   non   7. oui   non
2. oui   non   5. oui   non   8. oui   non
3. oui   non   6. oui   non   9. oui   non

D. *Voici des commentaires sur le dialogue de cette leçon. Indiquez si chaque commentaire est vrai ou faux.*

1. v   f   4. v   f   7. v   f
2. v   f   5. v   f   8. v   f
3. v   f   6. v   f   9. v   f

E. *Nous parlons des monuments de Paris. Écrivez le nombre que vous entendez dans chaque phrase.*

1. _____   5. _____
2. _____   6. _____
3. _____   7. _____
4. _____   8. _____

F. *Voici quelques commentaires au sujet de la lecture (Paris). Indiquez si chaque commentaire est vrai ou faux.* (paragraphes A, B et D)

1. v   f   4. v   f   7. v   f
2. v   f   5. v   f   8. v   f
3. v   f   6. v   f   9. v   f

SEIZIÈME LEÇON – DEUXIÈME PARTIE

EXERCICES ÉCRITS

16.1 *Pour chaque phrase, écrivez deux phrases en employant **avant** et **après**, selon ce modèle.*

D'abord je mange. Ensuite je travaille.   **Je mangerai avant de travailler.**
                                             Je travaillerai après avoir mangé.

1. D'abord je déjeune. Ensuite je rentre.

   _____

   _____

2. D'abord tu te reposes. Ensuite tu repasses tes robes.

   _____

   _____

3. D'abord vous travaillez. Ensuite vous regardez la télé.

   _____

   _____

16.2 *Répondez aux questions en employant des pronoms appropriés.*
1. Espérez-vous aller en Europe?

   _____

2. Aimez-vous parler d'examens?

   _____

3. Voulez-vous manger des escargots?

   _____

4. Allez-vous voir vos parents ce soir?

   _____

5. Pouvez-vous parler au professeur maintenant?

   _____

16.3 *Répondez aux questions.*
1. Qui vous a conseillé d'apprendre le français?

   _____

2. Qu'est-ce que votre professeur vous demande de faire en classe?

   _____

3. Qu'est-ce que vous avez besoin de faire à la maison ce soir?

   _____

4. Qu'est-ce que vous refusez de faire en classe?

   _____

103

5. Essayez-vous de faire quelque chose en ce moment?

16.4 *Écrivez des phrases en employant les éléments indiqués.*
1. Ce/étudiant/refuser/apprendre/conduire.

2. Elle/ne pas/regretter/avoir commencé/étudier/français.

3. Il/encourager/étudiant/accepter/faire/travail.

16.5 *Répondez aux questions d'après ce modèle.*

Pourquoi fermez-vous la fenêtre? (froid) **C'est parce que j'ai froid.**

1. Pourquoi voulez-vous vous coucher? (sommeil)

2. Pourquoi ouvre-t-elle les fenêtres? (chaud)

3. Pourquoi veulent-ils déjeuner si tôt? (faim)

4. Pourquoi cherche-t-il de la bière? (soif)

5. Pourquoi va-t-il faire une promenade? (envie/sortir)

6. Pourquoi écrit-il à ses parents? (besoin/argent)

APPLICATION: Travaux écrits
( ) A. *Questions*
( ) C. *Complétez le passage*
( ) D. *Jouez des rôles*
( ) E. *Renseignements*
( ) F. *Lecture* (Paris)

DIX-SEPTIÈME LEÇON – PREMIÈRE PARTIE

CONVERSATIONS

( ) **A.** *Dans une boutique de mode*

( ) **B.** *Dans une pharmacie*

EXERCICES ORAUX

17.1	A	1	2	3	4	5	6	7	8	9	10		
	B	1	2	3	4	5	6	7	8				
17.2	A	1	2	3	4	5	6	7	8				
	B	1	2	3	4	5	6	7	8				
17.3	A[1]	1	2	3	4	5	6	7	8				
	B	1	2	3	4	5	6	7	8				
17.4	A	1	2	3	4	5	6	7	8				
	B	1	2	3	4	5	6	7	8				
	D	1	2	3	4	5	6	7	8				
	E	1	2	3	4	5	6	7	8	9	10	11	12

APPLICATION: Dialogue et questions

( ) *J'ai besoin de plusieurs choses.*

Questions   1   2   3   4   5   6   7   8   9   10   11   12   13   14

COMPRÉHENSION AUDITIVE

A. *M. Chabrier parle à Jenny. Indiquez si la réponse de Jenny est logique et appropriée.* (après 17.2)

1. oui	non	4. oui	non	7. oui	non
2. oui	non	5. oui	non	8. oui	non
3. oui	non	6. oui	non	9. oui	non

B. *Voici ce que quelqu'un a dit au sujet de la France. Indiquez si chaque commentaire est vrai ou faux.* (après 17.4)

1. v	f	4. v	f	7. v	f
2. v	f	5. v	f	8. v	f
3. v	f	6. v	f	9. v	f

---

[1] Chaque question a été renumérotée consécutivement.

C. *Mettez un cercle autour du mot que vous entendez.* (après 17.4)

1. corriger/corrigés/corrigées
2. retrouvé/retrouvée/retrouvez
3. admirer/admiraient/admirées
4. réciter/récité/récitée
5. ouvert/ouverte
6. contrôle/contrôlé/contrôlée
7. arriver/arrivé/arrivée
8. manger/mangé/mangés

D. *Indiquez si chaque commentaire au sujet du dialogue de cette leçon est vrai ou faux.*

1.	v	f	4.	v	f	7.	v	f
2.	v	f	5.	v	f	8.	v	f
3.	v	f	6.	v	f	9.	v	f

E. *Voici la liste de ce que Jenny va acheter. Écrivez chaque mot que vous entendez.*

1. _____
2. _____
3. _____
4. _____
5. _____
6. _____
7. _____
8. _____

F. *Voici des commentaires sur la lecture (La Famille). Indiquez si chaque commentaire est vrai ou faux.*

1.	v	f	4.	v	f	7.	v	f
2.	v	f	5.	v	f	8.	v	f
3.	v	f	6.	v	f	9.	v	f

DIX-SEPTIÈME LEÇON – DEUXIÈME PARTIE

EXERCICES ÉCRITS

17.1 *Répondez aux questions d'après ce modèle.*

Avez-vous votre livre de français?   **C'est ce que j'ai.** (ou bien: **Ce n'est pas ce que j'ai.**)

1. Faites-vous vos devoirs en ce moment?

   _____

2. Avez-vous besoin de votre cahier d'exercices?

   _____

3. Apprenez-vous le français?

   _____

4. Répondez-vous à mes questions?

   _____

5. Pensez-vous aux vacances?

   _____

6. Les exercices vous ennuient-ils?

   _____

17.2 *Répondez aux questions.*
1. Que veut dire «défense de fumer»?

   _____

2. Que vaut-il mieux ne pas faire en classe?

   _____

3. Combien de temps faut-il pour aller en avion de New York à San Francisco?

   _____

4. Combien de personnes faut-il pour jouer au tennis?

   _____

5. Combien de temps vous faudra-t-il pour faire votre devoir de français?

   _____

6. Que vaut-il mieux faire tous les matins?

   _____

17.3 *Répondez aux questions en employant la locution ne . . . que.*
1. Combien de bouches avez-vous?

   _____

2. Avez-vous cent dollars sur vous?

   _____

3. Comprenez-vous beaucoup de langues?

   _____

4. Combien de fois par mois allez-vous au cinéma?

   _____

5. En quelle langue faut-il répondre à ces questions?

   _____

17.4 *Mettez les phrases suivantes à la voix passive.*
   1. M. Dubois explique la grammaire.

   _____

   2. Demain les étudiants réciteront le dialogue.

   _____

   3. M. Dubois corrigera leurs compositions.

   _____

   4. Charles a écrit plusieurs compositions.

   _____

   5. Les étudiants admirent M. Dubois.

   _____

   6. Beaucoup d'étudiants préfèrent son cours.

   _____

APPLICATION: Travaux écrits

( ) A. *Questions*
( ) C. *Complétez le passage*
( ) D. *Jouez des rôles*
( ) E. *Complétez le dialogue*
( ) F. *Renseignements*
( ) G. *Lecture* (La Famille)

DIX-HUITIÈME LEÇON – PREMIÈRE PARTIE

CONVERSATIONS

( ) A. *Encore un mémoire!*

( ) B. *Qu'est-ce que tu ferais?*

EXERCICES ORAUX

18.1	A	1	2	3	4	5	6	7	8	9	10	11	12		
	B	1	2	3	4	5	6	7	8	9	10	11	12	13	14
18.2	A	1	2	3	4	5	6								
18.3	A	1	2	3	4	5	6	7	8						
	B	1	2	3	4	5	6	7	8						
18.4	A	1	2	3	4	5	6								
	B	1	2	3	4	5	6	7	8						
	D[1]	1	2	3	4	5	6								
	E[2]	1	2	3	4	5	6								
	F	1	2	3	4	5	6								
18.5	A	1	2	3	4	5	6								

APPLICATION: Dialogue et questions

( ) *Ils ne passent pas d'examens?*

Questions   1   2   3   4   5   6   7   8   9   10   11   12   13   14

COMPRÉHENSION AUDITIVE

A. *Donnez l'adverbe qui correspond à l'adjectif que vous entendez. (Exemple: Si vous entendez «heureux, heureuse», vous écrirez «heureusement».)* (après 18.1)

1. _____   5. _____
2. _____   6. _____
3. _____   7. _____
4. _____   8. _____

---

[1] Phrases 3–9 du Dessin 5 (page 38).
[2] Phrases 2–5 et 9–12 du Dessin 5.

B. *Voici une description de la famille Chabrier et de la famille Brunot. Indiquez si les commentaires sont vrais ou faux.* (après 18.2)

1. v   f   4. v   f   7. v   f
2. v   f   5. v   f   8. v   f
3. v   f   6. v   f   9. v   f

C. *Dites si la réponse à chaque question est logique et appropriée.* (après 18.4)

1. oui   non   4. oui   non   7. oui   non
2. oui   non   5. oui   non   8. oui   non
3. oui   non   6. oui   non   9. oui   non

D. *Voici quelques commentaires au sujet du dialogue de cette leçon. Indiquez s'ils sont vrais ou faux.*

1. v   f   4. v   f   7. v   f
2. v   f   5. v   f   8. v   f
3. v   f   6. v   f   9. v   f

E. *Indiquez le mot qui n'appartient pas à chaque série.*

a. 1   2   3   4   d. 1   2   3   4
b. 1   2   3   4   e. 1   2   3   4
c. 1   2   3   4   f. 1   2   3   4

F. *Indiquez si les commentaires suivants basés sur la lecture (L'Enseignement) sont vrais ou faux.* (paragraphes C et D)

1. v   f   4. v   f   7. v   f
2. v   f   5. v   f   8. v   f
3. v   f   6. v   f   9. v   f

DIX-HUITIÈME LEÇON – DEUXIÈME PARTIE

EXERCICES ÉCRITS

18.1   *Répondez aux questions d'après ce modèle.*

Étudiez-vous le français?   (sérieux)   **Je l'étudie sérieusement.**

1.   Apprenez-vous le français?   (constant)

   _____

2.   Comment avez-vous répondu à la question précédente?   (affirmatif)

   _____

3.   Écrivez-vous vos réponses?   (lisible)

   _____

4.   Comment parlez-vous à votre ami(e)?   (franc)

   _____

5.   Racontez-vous vos ennuis à vos parents?   (rare)

   _____

6.   Allez-vous au laboratoire de langues?   (assez fréquent)

   _____

18.2   *Répondez aux questions.*
1.   De quoi parlez-vous le moins souvent?

   _____

2.   Qui écrit des lettres le plus souvent, vous, votre père ou votre mère?

   _____

3.   Qui travaille plus patiemment que vous?

   _____

4.   Que savez-vous faire beaucoup mieux que votre mère?

   _____

18.3   *Répondez aux questions en employant **chacun(e)** ou **aucun(e)**.*
1.   Avez-vous répondu aux questions de l'exercice précédent?

   _____

2.   Écrivez-vous des lettres en classe?

   _____

3.   Vos camarades parlent-ils français dans votre cours?

   _____

4.   Avez-vous des photos des Chabrier?

   _____

111

18.4   *Modifiez les phrases suivantes d'après ce modèle.*

Nous irons en Europe, c'est ce qu'il a dit.   **Il a dit que nous irions en Europe.**

1. Je me marierai avec lui, c'est ce que j'ai annoncé à mes parents.

_____

2. Ils ne seront pas contents, c'est ce que je savais.

_____

3. Nous chercherons un appartement, c'est ce qu'il m'a dit.

_____

4. Nous serons heureux, c'est ce qu'il m'a promis.

_____

5. Nous aurons assez d'argent, c'est ce que je pensais.

_____

6. On se mariera le premier juin, c'est ce que je lui ai dit.

_____

Modifiez les phrases suivantes d'après ce modèle.

Je ne suis pas libre; je ne peux pas sortir.   **Mais si j'étais libre, je pourrais sortir.**

7. Je ne suis pas malade; je ne reste pas à la maison.

_____

8. Il ne sait pas la vérité; il ne me la dit pas.

_____

9. Il ne faisait pas beau; je ne suis pas sorti.

_____

10. J'ai beaucoup étudié; j'ai réussi à l'examen.

_____

11. Il ne m'a pas dit qu'il voulait se marier avec moi; je ne lui ai pas dit non.

_____

12. Tu ne m'as pas dit que tu m'aimais; je ne t'ai pas compris.

_____

18.5   *Répondez aux questions.*
1. Vos parents suivent-ils des cours à l'université?

_____

2. Suivez-vous les conseils de vos parents?

_____

3. En général, combien de cours est-ce que les étudiants suivent chaque semestre?

_____

4. Suivez-vous le mouvement pour la libération de la femme?

_____

APPLICATION: Travaux écrits

( )   **A.**   *Questions*

( )   **C.**   *Complétez le passage*

( )   **D.**   *Faites une description*

( )   **E.**   *Renseignements*

( )   **F.**   *Lecture* (L'Enseignement)

DIX-NEUVIÈME LEÇON – PREMIÈRE PARTIE

CONVERSATIONS

( )   **A.**   *Un café célèbre*

( )   **B.**   *Vous faites des compliments.*

EXERCICES ORAUX

19.1	A	1	2	3	4	5	6	7	8	9	10
19.2	A	1	2	3	4	5	6	7	8		
	B	1	2	3	4	5	6				
19.3	A	1	2	3	4	5	6; 1	2	3	4	5	6
19.4	A	1	2	3	4	5	6	7	8		
19.5	A	1	2	3	4	5	6	7	8		
	B	1	2	3	4	5	6				

APPLICATION: Dialogue et questions

( )   *Veux-tu goûter ceci?*

Questions   1   2   3   4   5   6   7   8   9   10   11   12   13   14

COMPRÉHENSION AUDITIVE

A.   *Voici une conversation entre Mme Chabrier et Jenny. Indiquez si la réponse de Jenny est logique et appropriée.* (après 19.2)

1. oui	non	4. oui	non	7. oui	non
2. oui	non	5. oui	non	8. oui	non
3. oui	non	6. oui	non	9. oui	non

B.   *Dites si le sujet de chaque phrase est au singulier ou au pluriel.* (après 19.3)

1. s	p	4. s	p	7. s	p
2. s	p	5. s	p	8. s	p
3. s	p	6. s	p	9. s	p

C.   *Dites si chaque phrase exprime une opinion favorable ou défavorable.* (après 19.5)

1. favorable	défavorable	3. favorable	défavorable
2. favorable	défavorable	4. favorable	défavorable

D. *Voici quelques commentaires au sujet du dialogue de cette leçon. Indiquez s'ils sont vrais ou faux.*

1. v   f   4. v   f   7. v   f

2. v   f   5. v   f   8. v   f

3. v   f   6. v   f   9. v   f

E. *Parlons des boissons. Indiquez le mot qui n'appartient pas à chaque série.*

a.   1   2   3   4   d.   1   2   3   4

b.   1   2   3   4   e.   1   2   3   4

c.   1   2   3   4   f.   1   2   3   4

F. *Indiquez si les commentaires suivants basés sur la lecture (Les Cafés) sont vrais ou faux.*

1. v   f   4. v   f   7. v   f

2. v   f   5. v   f   8. v   f

3. v   f   6. v   f   9. v   f

DIX-NEUVIÈME LEÇON – DEUXIÈME PARTIE

EXERCICES ÉCRITS

19.1 *Répondez affirmativement d'après ce modèle.*

Allez-vous souvent dans ce café?   **Je suis souvent allé(e) dans ce café.**

1. Commandez-vous du café aujourd'hui?

    _____

2. Buvez-vous seulement du café?

    _____

3. Votre copain parle-t-il vraiment de ses ennuis?

    _____

4. L'écoutez-vous longuement?

    _____

5. Lui parlez-vous fréquemment?

    _____

6. Le comprenez-vous bien?

    _____

19.2 *Posez des questions d'après ce modèle.*

Je veux parler d'un cours.   **Duquel voulez-vous parler?**

1. Je veux parler d'un film.

    _____

2. Je vais répondre à une lettre.

    _____

3. Je ne comprends pas cette leçon.

    _____

4. J'ai besoin de plusieurs livres.

    _____

5. Je pensais à un film amusant.

    _____

19.3 *Répondez aux questions.*
1. Que tenez-vous à la main en ce moment?

    _____

2. Votre professeur tient-il toujours ses promesses?

    _____

117

3. En quelle année obtiendrez-vous votre diplôme d'université?

_____

4. Qu'est-ce que vous tenez à faire l'été prochain?

_____

19.4 *Répondez aux questions d'après ce modèle.*

Qu'est-ce qui est pénible?   **Il est pénible de répondre à tant de questions.**

1. Qu'est-ce qui est agréable?

_____

2. Qu'est-ce qui est impossible?

_____

3. Qu'est-ce qui est amusant dans le cours de français?

_____

4. Qu'est-ce qui est dangereux?

_____

19.5 *Complétez les phrases suivantes.*
1. Je suis si sympa que . . .

_____

2. Ma chambre est si petite que . . .

_____

3. Je suis si occupé(e) que . . .

_____

Faites des phrases exclamatives.
4. Tu es travailleuse, Charlotte.

_____

5. Tu as une belle chambre, Robert.

_____

6. Il fait beau.

_____

APPLICATION: Travaux écrits

( )   A.   *Questions*
( )   C.   *Complétez le passage*
( )   D.   *Jouez des rôles*
( )   E.   *Composition*
( )   F.   *Renseignements*
( )   G.   *Lecture* (Les Cafés)

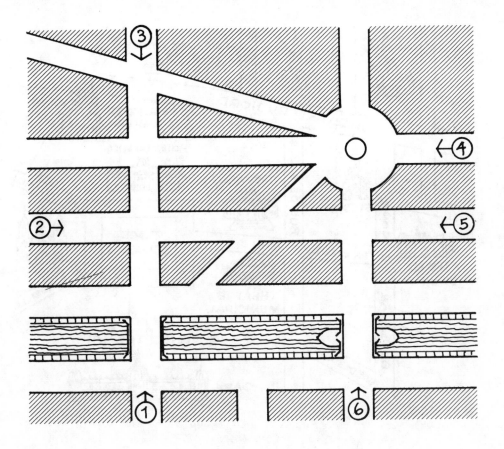

DESSIN 12

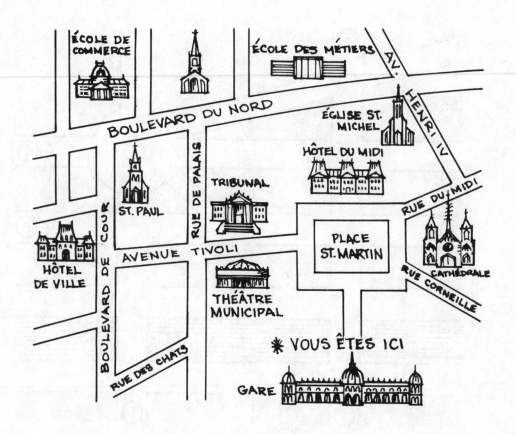

DESSIN 13

VINGTIÈME LEÇON – PREMIÈRE PARTIE

EXERCICES ORAUX

20.1/ 20.2	A	1	2	3	4	5	6	7	8	9	
	B	1	2	3	4	5	6				
20.3	A	1	2	3	4	5	6	7	8		
	B	1	2	3	4	5	6	7	8	9	10
	C	1	2	3	4	5	6				
	D	1	2	3	4	5	6				
20.4	A	1	2	3	4	5	6	7	8		
	B	1	2	3	4	5	6	7	8		
20.5	A	1	2	3	4	5	6				
	B	1	2	3	4	5	6				

APPLICATION: Dialogue et questions

(   )   *À la recherche du temps perdu*

Questions   1   2   3   4   5   6   7   8   9   10   11   12   13   14

COMPRÉHENSION AUDITIVE

A. *Voici une conversation entre Monique et Philippe. Indiquez si la réponse de Philippe est logique et appropriée.* (après 20.3)

1.	oui	non	4.	oui	non	7.	oui	non
2.	oui	non	5.	oui	non	8.	oui	non
3.	oui	non	6.	oui	non	9.	oui	non

B. *Mettez chaque verbe au présent du subjonctif.* (après 20.3)

1. _____   5. _____
2. _____   6. _____
3. _____   7. _____
4. _____   8. _____

C. *Vous allez entendre plusieurs dialogues. Indiquez si le commentaire qui décrit chaque dialogue est vrai ou faux.* (après 20.5)

1.   v   f   Raymonde n'a pas passé son examen.

2. v f   Jean ne connaît pas les parents de Charles.

3. v f   Quelqu'un est arrivé en retard.

4. v f   On est à la laiterie.

5. v f   On cherche un objet assez petit.

6. v f   On parle d'un monument historique.

D. *Indiquez si les commentaires au sujet du dialogue de cette leçon sont vrais ou faux.*

1.	v	f	4.	v	f	7.	v	f
2.	v	f	5.	v	f	8.	v	f
3.	v	f	6.	v	f	9.	v	f

E. *Voici quelques commentaires au sujet de la lecture (**Paris, suite**). Indiquez si chaque commentaire est vrai ou faux.*

1.	v	f	4.	v	f	7.	v	f
2.	v	f	5.	v	f	8.	v	f
3.	v	f	6.	v	f	9.	v	f

F. *Regardez le Dessin 12 à la page 119. Tracez sur ce dessin les rues qu'il faut prendre.*

G. *Maintenant, regardez le Dessin 13 à la page 120. Tracez sur le plan les rues qu'il faut prendre.*

VINGTIÈME LEÇON – DEUXIÈME PARTIE

EXERCICES ÉCRITS

20.1/
20.2
Répondez affirmativement.

1. Est-il important que j'arrive à l'heure?

   _____

2. Est-il clair que je comprends la question?

   _____

3. Est-il utile que je parle à cet enfant?

   _____

4. Est-il évident que j'aime manger?

   _____

5. Est-il bon que je mange des fruits?

   _____

6. Est-il juste que je demande votre adresse?

   _____

20.3 *Complétez les phrases suivantes en utilisant les éléments indiqués.*
1. (Jenny/être/chez/Chabrier)

   Il est vrai _____
2. (elle/vouloir/visiter/Sorbonne)

   Il est naturel _____
3. (elle/avoir/beaucoup/temps)

   Il est douteux _____
4. (elle/prendre/autobus)

   Il est possible _____
5. (elle/revenir/France)

   Il faut bien _____
6. (elle/pouvoir/voir/Tour Eiffel)

   Il est bon _____
7. (elle/faire/beaucoup/progrès/en/français)

   Il est temps _____
8. (elle/finir/son/projets)

   Il est certain _____

20.4 *Répondez aux questions d'après ce modèle.*

Savez-vous mon adresse?   **Non, mais je sais celle de mes parents.**

1. Savez-vous mon numéro de téléphone?

   _____

2. Connaissez-vous mes voisins?

   _____

3. Avez-vous conduit ma voiture?

   _____

4. Comprenez-vous mes ennuis?

   _____

5. Cherchez-vous mon livre?

   _____

6. Avez-vous trouvé mes clés?

   _____

20.5 *Répondez aux questions en employant **quelques-un(e)s**.*
1. Comment sont vos cours?

   _____

2. Est-ce que toutes les voitures coûtent très cher?

   _____

3. Qu'est-ce que vos camarades vont faire l'été prochain?

   _____

4. Comment sont les leçons dans le livre de français?

   _____

5. Avez-vous vu les photos de Paris qui sont dans votre livre?

   _____

6. Votre professeur vous pose-t-il des questions?

   _____

APPLICATION: Travaux écrits

( ) **A.** *Questions*
( ) **C.** *Complétez le paragraphe*
( ) **D.** *Jouez des rôles*
( ) **E.** *Composition*
( ) **F.** *Renseignements*
( ) **G.** *Lecture* (Paris, *suite*)

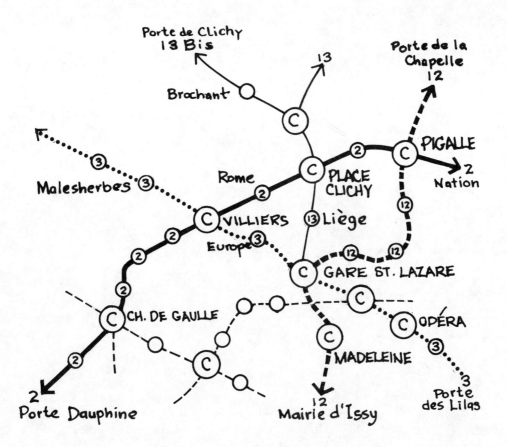

Porte de Clichy
13 Bis

13

Porte de la
Chapelle
12

Brochant

PIGALLE

2

2
Nation

Malesherbes ③

Rome
PLACE
CLICHY

2

VILLIERS ⑬ Liège

2

Europe ③
12

2

GARE ST. LAZARE
12 12

2

CH. DE GAULLE

OPÉRA
③

2

MADELEINE

3
Porte
des Lilas

2
Porte Dauphine

12
Mairie d'Issy

DESSIN 14

VINGT ET UNIÈME LEÇON – PREMIÈRE PARTIE

CONVERSATIONS

( ) A. *Où est la station de métro?*

( ) B. *Où sont-ils allés?*

( ) C. *Vous descendez à la prochaine station.*

EXERCICES ORAUX

21.1 A 1 2 3 4 5 6

      B 1 2 3 4 5 6

21.2 A 1 2 3 4 5 6 7 8

      B 1 2 3 4 5 6 7 8

      C 1 2 3 4 5 6 7 8 9

21.3 A 1 2 3 4 5 6 7 8

21.4 A 1 2 3 4 5 6

      B 1 2 3 4 5

      D 1 2 3 4 5 6 7 8

APPLICATION: Dialogue et questions

( ) *Quelle circulation!*

Questions 1 2 3 4 5 6 7 8 9 10 11 12 13 14

COMPRÉHENSION AUDITIVE

A. *Mettez chaque verbe à la première personne du singulier du présent du subjonctif.* (après 21.1)

    1. _____   5. _____

    2. _____   6. _____

    3. _____   7. _____

    4. _____   8. _____

B. *Jenny parle des Chabrier. Indiquez si le verbe dans la proposition subordonnée est à l'indicatif ou au subjonctif.*[1] (après 21.3)

---

[1] *Indicate whether the verb in the subordinate clause* [after the conjunction *que*] *is in the indicative or in the subjunctive.*

1. indicatif subjonctif		5. indicatif subjonctif		9. indicatif subjonctif	
2. indicatif subjonctif		6. indicatif subjonctif		10. indicatif subjonctif	
3. indicatif subjonctif		7. indicatif subjonctif		11. indicatif subjonctif	
4. indicatif subjonctif		8. indicatif subjonctif		12. indicatif subjonctif	

C. *Voici une conversation entre deux étudiants. Dites si la réponse que vous entendez est logique et appropriée.* (après 21.4)

1. oui non		4. oui non		7. oui non	
2. oui non		5. oui non		8. oui non	
3. oui non		6. oui non		9. oui non	

D. *Indiquez si les commentaires sur le dialogue de cette leçon sont vrais ou faux.*

1. v f		4. v f		7. v f	
2. v f		5. v f		8. v f	
3. v f		6. v f		9. v f	

E. *Indiquez si les commentaires suivants basés sur la lecture (**Les Transports**) sont vrais ou faux.*

1. v f		4. v f		7. v f	
2. v f		5. v f		8. v f	
3. v f		6. v f		9. v f	

F. *Regardez le Dessin 14 à la page 125. En regardant ce plan du métro, dites si chaque commentaire que vous entendez est vrai ou faux.*

1. v f		4. v f		7. v f	
2. v f		5. v f		8. v f	
3. v f		6. v f		9. v f	

VINGT ET UNIÈME LEÇON – DEUXIÈME PARTIE

EXERCICES ÉCRITS

21.1 *Répondez aux questions suivantes.*
  1. Est-ce que nous croyons tout ce qu'on nous dit?

  _____

  2. À quoi ne croyez-vous pas?

  _____

  3. On dit que Paris est plus beau que Londres. Croyez-vous cela?

  _____

  4. Qu'est-ce que c'est qu'un athée?[1]

  _____

21.2 *Modifiez les phrases suivantes d'après ce modèle.*

  Je parle français parce que vous le demandez.   **Vous demandez que je parle français.**

  1. Je fais les devoirs parce que vous le demandez.

  _____

  2. Je ne dors pas en classe parce que vous le défendez.

  _____

  3. Je vais au labo parce que vous le voulez.

  _____

  4. Je réponds aux questions parce que vous le désirez.

  _____

  5. Je finis les exercices parce que vous l'exigez.

  _____

  6. Je prends des notes parce que vous le permettez.

  _____

21.3 *Répondez négativement aux questions suivantes.*
  1. Croyez-vous qu'il y a quelqu'un sous votre lit?

  _____

  2. Êtes-vous sûr(e) qu'on vous comprend tout le temps?

  _____

  3. Pensez-vous que votre professeur est impatient?

  _____

_____

[1] **athée** *atheist*

4. Êtes-vous toujours certain(e) que votre cours est facile?

_____

5. Doutez-vous que votre professeur soit intelligent?

_____

6. Niez-vous que je sois Américain? (Non)

_____

21.4 *Complétez les phrases suivantes en employant les éléments indiqués. Utilisez les pronoms relatifs appropriés.*

1. (nous/jamais/avoir/vu)

   C'est le meilleur film _____
2. (savoir/tout/réponses/à/tout/questions)

   Je ne connais personne _____
3. (être/plus/sympa/que/elle?)

   Y a-t-il quelqu'un _____
4. (pouvoir/la/aider)

   Je connais quelqu'un _____
5. (pouvoir/la/intéresser)

   Il n'y a rien _____
6. (nous/avoir/connu)

   Marie, tu es la plus belle jeune fille _____

APPLICATION: Travaux écrits

(   )   A.   *Questions*

(   )   C.   *Complétez le passage*

(   )   D.   *Jouez des rôles*

(   )   E.   *Renseignements*

(   )   F.   *Lecture* (Les Transports)

VINGT-DEUXIÈME LEÇON – PREMIÈRE PARTIE

CONVERSATIONS

( ) A. *Un dîner imprévu*

( ) B. *Le cadeau miracle*

EXERCICES ORAUX

22.1	A	1	2	3	4	5	6	7	8			
	B	1	2	3	4	5	6	7	8			
	D	1	2	3	4	5	6					
22.2	A	1	2	3	4	5	6	7				
	B	1	2	3	4	5	6	7	8			
22.3	A	1	2	3	4	5	6;	1	2	3	4	5	6
22.4	A	1	2	3	4	5	6	7	8			
	B	1	2	5	6	7	8					
22.5	A	1	2	3	4	5	6;	1	2	3	4	5	6

APPLICATION: Dialogue et questions

( ) *Je ne croyais pas le Louvre si vaste.*

Questions   1   2   3   4   5   6   7   8   9   10   11   12   13   14

COMPRÉHENSION AUDITIVE

A. *Écoutez la conversation et indiquez si les réponses que vous entendez sont logiques et appropriées.* (après 22.2)

1.	oui	non	4.	oui	non
2.	oui	non	5.	oui	non
3.	oui	non	6.	oui	non

B. *Indiquez si le verbe dans la proposition subordonnée est à l'indicatif ou au subjonctif.* (après 22.4)

1.	indicatif	subjonctif	4.	indicatif	subjonctif	7.	indicatif	subjonctif
2.	indicatif	subjonctif	5.	indicatif	subjonctif	8.	indicatif	subjonctif
3.	indicatif	subjonctif	6.	indicatif	subjonctif	9.	indicatif	subjonctif

C. *Voici des commentaires sur le dialogue de cette leçon. Indiquez si chaque commentaire est vrai ou faux.*

131

1.	v	f		4.	v	f		7.	v	f
2.	v	f		5.	v	f		8.	v	f
3.	v	f		6.	v	f		9.	v	f

D. *Parlons des beaux-arts. Indiquez le mot qui n'appartient pas à chaque série.*

a.	1	2	3	4		d.	1	2	3	4
b.	1	2	3	4		e.	1	2	3	4
c.	1	2	3	4		f.	1	2	3	4

E. *Voici des commentaires sur la lecture (**Les Musées de Paris**). Indiquez s'ils sont vrais ou faux.*

1.	v	f		4.	v	f		7.	v	f
2.	v	f		5.	v	f		8.	v	f
3.	v	f		6.	v	f		9.	v	f

F. Dictée   *Le Louvre*

_____

_____

_____

_____

_____

_____

_____

G. *Écrivez les noms qui vous seront épelés. Connaissez-vous ces noms?*

1. _____	6. _____
2. _____	7. _____
3. _____	8. _____
4. _____	9. _____
5. _____	

VINGT-DEUXIÈME LEÇON – DEUXIÈME PARTIE

EXERCICES ÉCRITS

22.1 *Modifiez les phrases suivantes d'après ce modèle.*
Jenny visite le Louvre?   J'en suis content.   **Vous êtes content que Jenny visite le Louvre.**
1. Jenny va au Louvre?   J'en suis content.

   _____

2. Il pleut?   J'en suis fâché.

   _____

3. Le musée est fermé?   Je le regrette.

   _____

4. Elle n'a pas pris de parapluie?   J'en suis surpris.

   _____

5. Elle ne veut pas rentrer?   J'en suis étonné.

   _____

6. Elle peut prendre un taxi?   J'en suis heureux.

   _____

22.2 *Répondez aux questions en employant **tout, tous** ou **toutes**.*
1. Vos camarades parlent-ils français dans le cours?

   _____

2. Est-ce que les étudiants dans le cours sont sympa?

   _____

3. N'avez-vous rien compris dans cette leçon?

   _____

4. Est-ce que rien ne va bien aujourd'hui?

   _____

22.3 *Répondez aux questions.*
1. Quand éteignez-vous la lumière?

   _____

2. Avez-vous peint les murs de votre chambre?

   _____

3. Que font les pompiers?

   _____

4. Demandez-moi si je peins ma maison moi-même.

   _____

22.4 *Modifiez les phrases suivantes d'après ce modèle.*

Je suis mécontent de votre paresse.[1] (parce que)   **Je suis mécontent parce que vous êtes paresseux.**

1. Je viendrai avant votre départ. (avant que)

_____

2. Il vous aidera malgré sa fatigue. (bien que)

_____

3. Elle est partie sans être vue. (sans que)

_____

4. Il vous écrira dès son arrivée à Paris. (dès que)

_____

5. Je fais ceci pour vous contenter.[2] (pour que)

_____

6. Elle est triste à cause de votre absence. (parce que)

_____

7. J'attendrai jusqu'à votre arrivée. (jusqu'à ce que)

_____

8. Je ferai ce travail si vous m'aidez. (pourvu que)

_____

22.5 *Répondez aux questions.*
1. À qui souriez-vous souvent?

_____

2. Quand est-ce que nous sourions?

_____

3. Est-ce qu'on rit souvent dans votre cours?

_____

4. Quand est-ce qu'on rit dans votre cours?

_____

APPLICATION: Travaux écrits

( )   **A.**   *Questions*

( )   **C.**   *Complétez le paragraphe*

( )   **D.**   *Jouez des rôles*

( )   **E.**   *Essayez de définir*

( )   **F.**   *Renseignements*

( )   **G.**   *Lecture* (Les Musées de Paris)

_____

[1] *paresse   laziness*
[2] *contenter   to satisfy*

134

VINGT-TROISIÈME LEÇON – PREMIÈRE PARTIE

CONVERSATIONS

( ) *Expressions utiles*

EXERCICES ORAUX

23.1	A	1	2	3	4	5	6	7	8			
	C	1	2	3	4	5	6	7	8	9	10	11	12

23.2   A   1   2   3   4   5   6   7;   1   2   3   4   5   6   7

       C   1   2   3   4   5   6

23.3   A   1   2   3   4   5   6;   1   2   3   4   5   6

       B   1   2   3   4   5   6   7   8

23.4   A   1   2   3   4   5   6

23.5   A   1   2   3   4   5   6

APPLICATION: Dialogue et questions

( ) *Je meurs de faim!*

Questions   1   2   3   4   5   6   7   8   9   10   11   12

COMPRÉHENSION AUDITIVE

A. *Écoutez la conversation. Dites si la réponse que vous entendez est logique et appropriée.* (après 23.2)

1. oui   non   4. oui   non

2. oui   non   5. oui   non

3. oui   non   6. oui   non

B. *Voici ce qu'un touriste américain a dit à son ami au sujet des repas français. Dites s'il a raison ou tort.* (après 23.5)

1. raison   tort   4. raison   tort

2. raison   tort   5. raison   tort

3. raison   tort   6. raison   tort

C. *Voici quelques commentaires au sujet du dialogue de cette leçon. Dites s'ils sont vrais ou faux.*

1. v   f   4. v   f   7. v   f

2. v   f   5. v   f   8. v   f

3. v   f   6. v   f   9. v   f

D. *Voici ce que Jenny a commandé dans le petit restaurant du Quartier Latin. Écrivez les phrases que vous entendez.*

Plat   Prix

1. _____   _____

2. _____   _____

3. _____   _____

4. _____   _____

5. _____   _____

6. _____   _____

7. _____   _____

8. _____   _____

(12% service non compris)   Total   _____

E. *Voici des commentaires au sujet de la lecture (**Les Français et la cuisine**). Indiquez si chaque commentaire est vrai ou faux.*

1.   v   f   4.   v   f   7.   v   f

2.   v   f   5.   v   f   8.   v   f

3.   v   f   6.   v   f   9.   v   f

VINGT-TROISIÈME LEÇON – DEUXIÈME PARTIE

EXERCICES ÉCRITS

23.1   *Répondez aux questions.*
   1.   Qu'est-ce que vous êtes content(e) de faire?

   _____

   2.   Qu'est-ce que vous êtes fatigué(e) de faire?

   _____

   3.   Qu'est-ce que vous êtes curieux(-euse) de savoir?

   _____

   4.   Qu'est-ce que vous serez certain(e) de faire demain?

   _____

   5.   Qu'est-ce que vous n'êtes pas capable de faire?

   _____

   6.   Qui seriez-vous heureux(-euse) de connaître?

   _____

23.2   *Écrivez des phrases en utilisant les éléments indiqués.*
   1.   Vous/ne pas/être/seule/dire/escargots/être/bon/manger.

   _____

   2.   Je/être/curieux/savoir/si/vous/être/habituée/prendre/vin/à/petit/déjeuner.

   _____

   _____

   3.   Nous/être/occupé;/nous/ne pas/être/prêt/déjeuner/bien que/nous/avoir/faim.

   _____

   _____

23.3   *Répondez aux questions.*
   1.   De quoi vous servez-vous pour écrire?

   _____

   2.   Quelle sorte de boisson est-ce qu'on sert au restaurant universitaire?

   _____

   3.   À quoi servent les ciseaux? Est-ce que vous vous en servez souvent?

   _____

   _____

23.4 *Répondez aux questions.*
1. Est-il certain que tout le monde meure un jour?

   _____

2. Suivez-vous des cours où vous mourez d'ennui?

   _____

3. Que feriez-vous si vous mouriez de soif?

   _____

4. Savez-vous qui est mort à Rouen?   (Jeanne d'Arc)

   _____

23.5 *Répondez aux questions.*
1. Comment allez-vous passer la soirée aujourd'hui?

   _____

2. Quels jours n'avez-vous pas le cours de français?

   _____

3. Où aimeriez-vous passer toute une journée?

   _____

4. Dans quel pays voudriez-vous passer toute une année?

   _____

5. Comment avez-vous passé la matinée samedi dernier?

   _____

6. Que faites-vous le dimanche après-midi?

   _____

APPLICATION: Travaux écrits

( )   A.   *Questions*

( )   C.   *Jouez des rôles* (1)

( )   *Jouez des rôles* (2)

( )   D.   *Renseignements*

( )   E.   *Lecture* (Les Français et la cuisine)

VINGT-QUATRIÈME LEÇON – PREMIÈRE PARTIE

CONVERSATIONS

( ) A. *Une invitation*

( ) B. *Une autre invitation*

EXERCICES ORAUX

24.1	A	1	2	3	4	5	6;	1	2	3	4	5	6
	C	1	2	3	4	5	6						
24.2	A	1	2	3	4	5	6	7	8				
	B	1	2	3	4	5	6	7	8				
24.3	A	1	2	3	4	5	6;	1	2	3	4	5	6
24.4	A	1	2	3	4	5	6;	1	2	3	4	5	6
	C	1	2	3	4	5	6	7	8	9			
	E	1	2	3	4	5	6						

APPLICATION: Dialogue et questions

( ) *Ils parlent trop vite pour moi.*

Questions   1   2   3   4   5   6   7   8   9   10   11   12

COMPRÉHENSION AUDITIVE

A. *Écoutez le dialogue et dites si la réponse que vous entendez est possible et logique.* (après 24.2)

1. oui   non   4. oui   non   7. oui   non
2. oui   non   5. oui   non   8. oui   non
3. oui   non   6. oui   non   9. oui   non

B. *Le sujet de chaque phrase est-il au singulier ou au pluriel?* (après 24.3)

1. s   p   4. s   p   7. s   p
2. s   p   5. s   p   8. s   p
3. s   p   6. s   p   9. s   p

C. *Voici quelques commentaires au sujet du dialogue de cette leçon. Indiquez s'ils sont vrais ou faux.*

1. v   f   4. v   f   7. v   f
2. v   f   5. v   f   8. v   f
3. v   f   6. v   f   9. v   f

139

D. *Parlons du cinéma. Dites quel mot n'appartient pas à chaque série.*

a. 1   2   3   4   d. 1   2   3   4

b. 1   2   3   4   e. 1   2   3   4

c. 1   2   3   4   f. 1   2   3   4

E. *Indiquez si les commentaires suivants basés sur la lecture (**Les Français et le cinéma**) sont vrais ou faux.*

1. v   f   4. v   f   7. v   f

2. v   f   5. v   f   8. v   f

3. v   f   6. v   f   9. v   f

F. *Écoutez les dialogues et dites si la phrase qui décrit chaque situation est logique et possible.*

1. oui   non   On va aller au théâtre.

2. oui   non   On n'aime pas beaucoup le film qu'on vient de voir.

3. oui   non   On est au bureau de location.

4. oui   non   Deux piétons parlent d'un accident.

5. oui   non   On est chez le boulanger.

6. oui   non   La représentation a bien plu aux spectateurs.

7. oui   non   Il paraît que le professeur de Jean n'est pas assez exigeant.

8. oui   non   On est dans un salon de thé.

G. *Voici la date de publication de quelques œuvres littéraires. Écrivez les dates que vous entendez.*

1. Molière: *Le Misanthrope* _____

2. Flaubert: *Madame Bovary* _____

3. Proust: *À la recherche du temps perdu* _____

4. Baudelaire: *Les Fleurs du Mal* _____

5. Montaigne: *Essais* _____

6. Giraudoux: *La Folle de Chaillot* _____

7. Hugo: *Notre-Dame de Paris* _____

8. Racine: *Phèdre* _____

VINGT-QUATRIÈME LEÇON – DEUXIÈME PARTIE

EXERCICES ÉCRITS

24.1   *Modifiez les phrases suivantes d'après ce modèle.*

Mon père n'aime pas cette cravate.   **Cette cravate ne plaît pas à mon père.**

1. La fille n'aime pas ce garçon.

   _____

2. Cet homme n'aime rien.

   _____

3. Je n'aime pas cette robe.

   _____

4. Nous avons beaucoup aimé Paris.

   _____

*Répondez aux questions en employant **plaire**.*
5. Comment trouvez-vous votre montre?

   _____

6. Comment est-ce que votre professeur trouve son livre de français?

   _____

24.2   *Répondez négativement en employant **ni . . . ni . . . .***
1. Connaissez-vous Monique et Jenny?

   _____

2. Avez-vous mangé des escargots ou du rosbif ce matin?

   _____

3. Votre père et votre mère me connaissent-ils?

   _____

4. Mourez-vous de peur ou d'ennui dans le cours de français?

   _____

5. Est-ce que les dialogues et les exercices sont trop difficiles?

   _____

6. Buvez-vous du vin ou de la bière au petit déjeuner?

   _____

24.3   *Répondez aux questions.*
1. Que craignez-vous vers la fin du semestre?

   _____

2. Votre professeur vous craint-il?

_____

3. De quelle sorte de gens vous plaignez-vous?

_____

4. De quoi vous plaignez-vous dans le cours de français?

_____

24.4 *Répondez aux questions en employant c'est . . . **qui** ou c'est . . . **que**.*
1. Faites-vous des exercices oraux maintenant?

_____

2. Où faites-vous les exercices oraux?

_____

3. Votre cours finit-il à huit heures?

_____

4. Faites-vous vos devoirs en classe?

_____

5. Voulez-vous parler des examens finals?

_____

6. Quand est-ce que les vacances d'été commencent?

_____

7. Déjeunez-vous à deux heures?

_____

8. Vous habillez-vous dans la cuisine?

_____

APPLICATION: Travaux écrits

( ) **A.** *Questions*
( ) **C.** *Complétez le passage*
( ) **D.** *Jouez des rôles* (1)
( ) *Jouez des rôles* (2)
( ) *Jouez des rôles* (3)
( ) *Jouez des rôles* (4)
( ) **E.** *Complétez le dialogue*
( ) **F.** *Renseignements*
( ) **G.** *Lecture* (Les Français et le cinéma)

VINGT-CINQUIÈME LEÇON – PREMIÈRE PARTIE

CONVERSATIONS

( )   A.   *Au guichet*

EXERCICES ORAUX

25.1	A	1	2	3	4	5	6	7	8							
	B	1	2	3	4	5	6	7	8	9	10	11	12			
25.2	A	1	2	3	4	5	6									
25.3	A	1	2	3	4	5	6									
	B	1	2	3	4	5	6	7	8							
25.4	A	1	2	3	4	5	6	7	8	9						
	B[1]	1	2	3	4	5	6	7	8	9	10	11	12	13	14	15	16
	C	1	2	3	4	5	6	7	8							

APPLICATION: Dialogue et questions

( )   *Les trains sont toujours à l'heure.*

Questions   1   2   3   4   5   6   7   8   9   10   11   12   13   14

COMPRÉHENSION AUDITIVE

A.   *Indiquez le genre et le nombre[2] de chaque pronom possessif.*   (après 25.1)

1.	m	f	s	p	4.	m	f	s	p	7.	m	f	s	p
2.	m	f	s	p	5.	m	f	s	p	8.	m	f	s	p
3.	m	f	s	p	6.	m	f	s	p	9.	m	f	s	p

B.   *Voici une conversation entre Jenny et Monique. Indiquez si la réponse de Monique est logique et appropriée.*   (après 25.4)

1.	oui	non	4.	oui	non	7.	oui	non
2.	oui	non	5.	oui	non	8.	oui	non
3.	oui	non	6.	oui	non	9.	oui	non

---

[1] Chaque question a été renumérotée consécutivement.
[2] C'est-à-dire le masculin ou le féminin, le singulier ou le pluriel.

C. *Voici quelques commentaires au sujet du dialogue de cette leçon. Dites s'ils sont vrais ou faux.*

1. v   f   4. v   f   7. v   f
2. v   f   5. v   f   8. v   f
3. v   f   6. v   f   9. v   f

D. *Parlons des transports. Indiquez le mot qui n'appartient pas à chaque série.*

a.   1   2   3   4   d.   1   2   3   4
b.   1   2   3   4   e.   1   2   3   4
c.   1   2   3   4

E. *Avant la Révolution de 1789 la France se divisait en provinces. Voici le nom de quelques provinces. Écrivez-les.*

1. _____   5. _____
2. _____   6. _____
3. _____   7. _____
4. _____   8. _____

F. *Voici des commentaires sur la lecture (**Les Transports**, suite). Indiquez s'ils sont vrais ou faux.*

1. v   f   4. v   f   7. v   f
2. v   f   5. v   f   8. v   f
3. v   f   6. v   f   9. v   f

G. Dictée   *Voici une phrase tirée de la lecture.*

_____

_____

_____

_____

_____

_____

_____

_____

_____

144

VINGT-CINQUIÈME LEÇON – DEUXIÈME PARTIE

EXERCICES ÉCRITS

25.1 *Répondez aux questions en employant des pronoms possessifs.*
1. En quel mois passez-vous vos examens finals?

_____

2. Comment est votre chambre?

_____

3. Mes questions sont-elles plus faciles que celles de votre professeur?

_____

4. Ma voiture marche comme ci comme ça. Comment marche la voiture de votre père?

_____

25.2 *Répondez aux questions.*
1. Quand est-ce que vous courez?

_____

2. Y a-t-il quelqu'un qui coure à la porte quand votre cours est terminé?

_____

3. Combien de temps vous faut-il pour courir cent mètres?

_____

25.3 *Modifiez les phrases suivantes en utilisant le participe présent.*
1. Jenny connaîtra mieux la France si elle visite la province.

_____

2. Elle s'est assise et a ôté son manteau en même temps.

_____

3. Jean-Paul lui parlait et souriait en même temps.

_____

4. Il lui a posé une question; il regardait la campagne.

_____

5. Elle ne pouvait pas répondre, parce qu'elle ne savait pas la réponse.

_____

6. Parce qu'elle s'était couchée tard, elle était très fatiguée.

_____

25.4 *Répondez aux questions en employant il y a, depuis et pendant.*
1. Quand avez-vous commencé votre étude du français?

_____

145

2. Quel temps fait-il?   Depuis quand?

_____

3. Depuis combien de temps connaissez-vous votre professeur de français?

_____

4. Quand êtes-vous allé(e) au labo?

_____

5. Depuis combien de temps êtes-vous à l'université?

_____

6. Combien de temps serez-vous à l'université?

_____

7. Pendant combien de temps avez-vous étudié le français hier?

_____

8. Depuis quand faites-vous ce devoir de français?

_____

9. Quand avons-nous fini la Leçon 23?

_____

10. Allez-vous regarder la télévision ce soir ou demain soir?   Pendant combien de temps?

_____

APPLICATION: Travaux écrits

( )   A.   *Questions*
( )   C.   *Jouez des rôles*
( )   D.   *Essayez de deviner*
( )   E.   *Renseignements*
( )   F.   *Lecture* (Les Transports, *suite*)

VINGT-SIXIÈME LEÇON – PREMIÈRE PARTIE

CONVERSATIONS

( )   A.   *Je ne sens rien*

( )   B.   *Dépêche-toi!*

EXERCICES ORAUX

26.1   A   1   2   3   4   5   6;   1   2   3   4   5   6

26.2   A   1   2   3   4   5   6

     C   1   2   3   4   5   6

26.3   A   1   2   3   4   5   6

26.4   A   1   2   3   4   5   6

     C   1   2   3   4   5   6   7   8

APPLICATION: Dialogue et questions

( )   *Quel contraste, quand même!*

Questions   1   2   3   4   5   6   7   8   9   10   11   12   13   14

COMPRÉHENSION AUDITIVE

A.   *Écoutez la conversation et dites si la réponse que vous entendez est possible et logique.*   (après 26.2)

1. oui   non   4. oui   non   7. oui   non

2. oui   non   5. oui   non   8. oui   non

3. oui   non   6. oui   non   9. oui   non

B.   *Écoutez les dialogues. Dites si la phrase qui décrit la situation est logique et appropriée.*   (après 26.4)

1. oui   non   On vient d'offrir un cadeau d'anniversaire.

2. oui   non   Robert et Charlotte se voient assez fréquemment.

3. oui   non   Danielle ira voir une pièce de théâtre.

4. oui   non   On est au bureau de tabac.

5. oui   non   On est dans une station de métro.

6. oui   non   On est dans un train.

C.   *Mettez un cercle autour du verbe que vous entendez.*   (après 26.4)

1. goûter/goûté/goûtés

2. étudier/étudié/étudiais

3. manger/mangé/mangeais

4. copier/copié/copiais

5. vit/vive/vivent

6. écrit/écrits/écrite/écrites

7. sont/sent/sente/sentent

8. aiment/s'aiment

D. *Voici quelques commentaires au sujet du dialogue de cette leçon. Dites s'ils sont vrais ou faux.*

1.	v	f	4.	v	f	7.	v	f
2.	v	f	5.	v	f	8.	v	f
3.	v	f	6.	v	f	9.	v	f

E. *Nous parlons de la ferme. Indiquez le mot qui n'appartient pas à chaque série.*

a.	1	2	3	4	e.	1	2	3	4
b.	1	2	3	4	f.	1	2	3	4
c.	1	2	3	4	g.	1	2	3	4
d.	1	2	3	4	h.	1	2	3	4

F. *Voici des commentaires sur la lecture (**La Province**). Indiquez si chaque commentaire est vrai ou faux.* (paragraphes B–D)

1.	v	f	4.	v	f	7.	v	f
2.	v	f	5.	v	f	8.	v	f
3.	v	f	6.	v	f	9.	v	f

G. Dictée *Une invitation au voyage*

_____

_____

_____

_____

_____

_____

_____

VINGT-SIXIÈME LEÇON – DEUXIÈME PARTIE

EXERCICES ÉCRITS

26.1 *Répondez aux questions.*
   1. Comment vous sentez-vous aujourd'hui?

   _____

   2. Quand est-ce que vous vous sentez énergique?

   _____

   3. Qu'est-ce qui sent très bon?

   _____

   4. Que fait-on quand on sent la chaleur?

   _____

   5. Qu'est-ce que c'est qu'un menteur?

   _____

26.2 *Modifiez les phrases suivantes d'après ce modèle.*

   Jenny comprend Jean-Paul, et Jean-Paul   **Jenny et Jean-Paul se comprennent.**
   comprend Jenny.

   1. Jenny voit Jean-Paul, et Jean-Paul voit Jenny.

   _____

   2. Jean-Paul plaît à Jenny, et Jenny plaît à Jean-Paul.

   _____

   3. Jenny a besoin de Jean-Paul, et Jean-Paul a besoin de Jenny.

   _____

   4. Les Wilson parlent des Chabrier, et les Chabrier parlent des Wilson.

   _____

   5. Monique a vu Jenny, et Jenny a vu Monique.

   _____

   6. Monique a parlé à Jenny, et Jenny a parlé à Monique.

   _____

26.3 *Répondez aux questions.*
   1. Dans quel pays vivons-nous?

   _____

   2. Avez-vous jamais vécu à Martinique?

   _____

3. Dans quel état vivent vos parents?

_____

4. Vivez-vous en paix avec tout le monde?

_____

26.4 *Répondez aux questions.*
1. Est-ce que vous vous coupez les cheveux vous-même?

_____

2. Réparez-vous votre montre vous-même?

_____

3. Qui nettoie votre chambre?

_____

4. À qui faites-vous réparer votre poste de télévision?

_____

5. Qui fait vos devoirs?

_____

6. À qui faites-vous réparer votre voiture?

_____

7. Qu'est-ce que vos parents vous font faire?

_____

8. Et qu'est-ce que votre professeur vous fait faire?

_____

APPLICATION: Travaux écrits

( ) A. *Questions*
( ) C. *Complétez le passage*
( ) D. *Jouez des rôles*
( ) E. *Connaissez-vous les animaux?*
( ) F. *Renseignements*
( ) G. *Lecture* (La Province)

VINGT-SEPTIÈME LEÇON – PREMIÈRE PARTIE

EXERCICES ORAUX

27.1   A   1   2   3   4   5   6   7   8

         B   1   2   3   4   5   6

27.2   A   1   2   3   4   5   6;   1   2   3   4   5   6;   1   2   3   4

               5   6

         B   1   2   3   4   5   6   7   8   9   10

27.3   A   1   2   3   4   5   6;   1   2   3   4   5   6

         B   1   2   3   4   5   6   7   8   9   10

APPLICATION: Dialogue et questions

( )   *Que penses-tu de nous?*

Questions   1   2   3   4   5   6   7   8   9   10   11   12   13   14

COMPRÉHENSION AUDITIVE

A. *Écoutez la conversation et dites si la réponse que vous entendez est logique et appropriée.* (après 27.1)

1. oui   non   4. oui   non   7. oui   non

2. oui   non   5. oui   non   8. oui   non

3. oui   non   6. oui   non   9. oui   non

B. *Mettez un cercle autour du verbe que vous entendez.* (après 27.2)

1. eut/eu/eurent
2. durent/duraient/durer/durèrent
3. vient/viennent/vint/vont
4. se levait/s'est levé/se leva
5. ouvrir/ouvrirent/ouvraient
6. furent/firent/faire
7. écrivit/écrivent/écrivaient
8. parla/parlé/parlait
9. manger/mangez/mangiez/mangeai
10. tu/tue/tué/tut

C. *Écrivez les verbes. Ils sont tous au passé simple.* (après 27.3)

1. _____   6. _____

2. _____   7. _____

3. _____   8. _____

4. _____   9. _____

5. _____   10. _____

D. *Indiquez si chaque commentaire sur le dialogue de cette leçon est vrai ou faux.*

1.	v	f	4.	v	f	7.	v	f
2.	v	f	5.	v	f	8.	v	f
3.	v	f	6.	v	f	9.	v	f

E. *Voici ce qu'un Américain disait à son amie au sujet de son voyage en France. Dites si chaque phrase est logique et appropriée.*

1.	oui	non	4.	oui	non	7.	oui	non
2.	oui	non	5.	oui	non	8.	oui	non
3.	oui	non	6.	oui	non	9.	oui	non

F. *Voici quelques commentaires au sujet de la lecture (La France dans le monde). Dites si chaque commentaire est vrai ou faux.*

1.	v	f	4.	v	f	7.	v	f
2.	v	f	5.	v	f	8.	v	f
3.	v	f	6.	v	f	9.	v	f

VINGT-SEPTIÈME LEÇON – DEUXIÈME PARTIE

EXERCICES ÉCRITS

27.1 *Répondez aux questions en employant le ne explétif et les expressions indiqués.*
1. Pourquoi prenez-vous un parapluie? (craindre/pleuvoir)

_____

2. Sortirez-vous ce week-end avec votre ami(e)? (à moins que/il/être/occupé)

_____

3. Je suppose que vous n'êtes pas très travailleur(-euse). Est-ce vrai? (plus. . .que)

_____

4. Pourquoi allez-vous mettre deux pulls? (de peur que/attraper un rhume)

_____

5. Je ne crois pas que le français soit très utile. Qu'est-ce que vous en pensez? (plus. . .que)

_____

27.2 *Mettez les verbes soulignés au passé composé ou au passé antérieur selon le cas.*
On (1) a fini le déjeuner. Mme Chabrier (2) est sortie de l'appartement. Monique (3) a fait la vaisselle et je (4) l'ai aidée. (5) J'ai éteint la lumière et (6) je suis montée dans ma chambre. (7) J'ai pris ma valise et (8) l'ai posée sur le lit. Je fermais la valise quand Monique (9) est entrée. Elle (10) s'est assise sur le lit. La valise (11) s'est ouverte et mes vêtements (12) sont tombés par terre. Monique (13) s'est excusée et (14) les a ramassés. Jean-Paul (15) a frappé à la porte quand (16) j'ai refermé ma valise. Il nous (17) a proposé d'aller au Bois de Boulogne. Il (18) est descendu et nous (19) a attendues dans la cour. Il (20) a commencé à pleuvoir dès que (21) nous sommes descendues dans la cour. Il nous (22) a vues et nous (23) a demandé d'apporter des parapluies.

1. _____   13. _____
2. _____   14. _____
3. _____   15. _____
4. _____   16. _____
5. _____   17. _____
6. _____   18. _____
7. _____   19. _____
8. _____   20. _____
9. _____   21. _____
10. _____   22. _____
11. _____   23. _____
12. _____

153

27.3 *Remplacez les temps de la langue écrite par ceux de la langue parlée.*

Il fallait que Jenny (1) <u>rentrât</u> aux États-Unis. Monique était malheureuse que Jenny (2) <u>dût</u> partir si tôt. Elle (3) <u>insista</u> que Jenny (4) <u>prît</u> un de ses bibelots. Qui (5) <u>eût cru</u> qu'elle (6) <u>fût</u> si sentimentale? Jenny (7) <u>eût voulu</u> rester plus longtemps à Paris. M. et Mme Chabrier et leur fille (8) <u>allèrent</u> à Roissy et (9) <u>dirent</u> au revoir à Jenny et à Jean-Paul. Monique (10) <u>demanda</u> que Jenny lui (11) <u>écrivît</u> souvent et qu'elle (12) <u>revînt</u> bientôt.

1. _____   7. _____

2. _____   8. _____

3. _____   9. _____

4. _____   10. _____

5. _____   11. _____

6. _____   12. _____

APPLICATION: Travaux écrits

( ) **A.** *Questions*

( ) **C.** *Complétez le passage*

( ) **D.** *Composition*

( ) **E.** *Renseignements*

( ) **F.** *Lecture* (La France dans le monde)

APPENDIX A

Answers to *Compréhension auditive*

Première Leçon

A.   f–m–m;   f–m–m;   m–f–f;   m–m–f

B.   s–p–s;   p–p–s;   p–p–s;   p–s–s

C.   f–v–v;   f–f–f;   v–f–v

D.   oui–oui–oui;   oui–non–non;   oui–oui–non

E.   v–f–v;   v–v–f;   v–f–v

F.   Je suis étudiante. Voici le livre de français. Voilà le professeur. Il est avec Robert devant la porte de la classe.

Deuxième Leçon

A.   s–? –p;   ? –? –p;   ? –? –?

B.   oui–non–non;   oui–non–oui;   oui–non–oui

C.   seize;   trente-sept;   cinquante-deux;   quarante-huit;   vingt-cinq;   quinze

D.   v–f–v;   f–v–f;   f–v–f

E.   oui–non–non;   non–oui–oui;   non–non–non

F.   v–v–f;   v–v–v;   f–f–v

G.   J'aime beaucoup le cours de français. Il commence à neuf heures dix. Il y a vingt étudiants dans le cours. M. Dubois est sympathique. Le livre est très intéressant.

Troisième Leçon

A.   non–oui–oui;   non–non–oui;   non–non–oui

B.   5–2–8;   10–7–11;   9–1–3

C.   non–oui–non;   oui–non–oui;   non–oui–non

D.   non–oui–non–oui;   oui–non–non–oui;   non–oui–oui–oui

E.   s–p–s;   s–s–s;   p–p–p

F.   f–f–f;   f–v–v;   v–v–f

G.   Nous allons au cinéma ce soir. Le ciné-club donne un film français. Il commence à sept heures moins le quart. C'est le premier film de l'année et l'entrée est gratuite.

Quatrième Leçon

A.   2–9–4;   11–3–10;   1–7–8

B.   oui–non–non;   oui–oui–non;   oui–non–non

C.   non–oui;   non–non;   oui–oui

D.   v–f–v;   v–v–v;   f–f–f

E.   gymnastique;   football;   yachting;   promenade;   nuage;   feuille

F. Nous sommes dans le jardin botanique. Le soleil brille et le ciel est bleu. Nous regardons les beaux arbres. Les feuilles commencent à changer de couleur. J'aime beaucoup l'automne dans cette région.

Cinquième Leçon

A. s–p; s–s; p–p

B. v–v–v; f–f–v; f–f–v

C. non–oui; oui–non; non–non

D. 950; 97; 72; 489; 168; 1384

E. f–v–v; f–f–f; f–v–v

F. 3–2–4–1; 2–4–1–3

Sixième Leçon

A. v–v–f; v–f–v; v–v–f

B. oui–non–non; oui–non–oui; oui–oui–oui

C. défavorable–favorable–favorable–défavorable; défavorable–défavorable–favorable–favorable

D. garçon–fille–? –fille; ? –fille–garçon–fille

E. non–oui; oui–non; oui–non

F. v–f–v; f–f–f; f–v–v

G. Voilà mes parents. Mon père est avocat. Ma mère est professeur de lycée. Nous habitons une grande et vieille maison. Ce garçon aux cheveux longs est mon cousin Albert.

Septième Leçon

A. vu–sourd–bœufs–faux; dieux–mou–bon–main; sans–pain–front–rein

B. f–v–f; v–f–v; v–v–v

C. p–p–? ; s–s–p; ? –s–p

D. 61 centimètres; 5 centimètres 08; 6 livres 615; 13 litres 638; 454 grammes; 3 kilomètres 218

E. f–v–f; f–v–f; v–f–v

F. 3–4–2–1; 3–1–4–3

G. Monique a quinze ans. Elle est un peu taquine mais très sympathique. Elle fait beaucoup de sports. Elle est très artiste. Elle habite avec ses parents dans la banlieue parisienne.

Huitième Leçon

A. ils ont; Jeanne; dans son bateau; cent francs; les hautes montagnes; douze ans; nous savons; étudiante; en eau; mon amie

B. 1–2–1; 1–3–0; 2–1–0

C. non–oui–oui; oui–non–oui; non–oui–non

D. 1. je les lui montre. 2. je ne l'attends pas maintenant. 3. je ne la leur explique pas. 4. je vous comprends. 5. je ne vous le vends pas.

E. s–s–p; s–p–s; p–s–p

F. v–v–f; f–v–v; f–f–v

Neuvième Leçon

A. oui–oui–non; non–non–non; non–oui–non

B. s–p; s–s; p–p

C. déjeuné; rencontrer; regardez; allé; rentrés; jouer; arrivée; acheter

D. f–f–f; f–v–v; v–v–f

E. 2–1–3–2; 4–4–3–2

Dixième Leçon

A. v–f–f; v–f–f; v–f

B. non–oui–oui; oui–non–oui

C. parlé; mangeais; chercher; connaissaient; allais; étudié; posait

D. f–f–v; f–v–v; f–v–f

E. absurde–logique–absurde; absurde–absurde–logique; absurde–absurde–absurde

F. Je conduisais trop vite. J'ai doublé un camion. La chaussée était glissante, et la voiture a dérapé dans un virage. J'ai freiné. Je n'ai pas pu regagner la chaussée. Je suis tombé dans le fossé.

Onzième Leçon

A. faits; fini; étudiée; payée; copié; parti; arrivées; achetais

B. non–oui–oui; oui–non–non; oui–non–non

C. oui–oui–non; non–non–oui; non–oui–non

D. 1890; 1778; 1592; 1883; 1871; 1893, 1976

E. v–v–v; f–f–f; v–f–v

F. 3–1–4–4; 2–2–3–2

G. Je me suis levé ce matin avec un mal de tête épouvantable. J'ai pris de l'aspirine et je suis allé voir un médecin. J'ai un très mauvais rhume et je dois rester à la maison tout le week-end.

Douzième Leçon

A. oui–oui–non; non–oui–non; oui–non–oui

B. non–non–oui; oui–oui–non; non–oui–non

C. f–v–v; f–f–v; f–f–v

D. 3–4–2–3; 2–4–2

E. Maroc; Zaïre; Algérie; Togo; Cameroun; Sénégal; Haute-Volta; Côte-d'Ivoire

Treizième Leçon

A. s–p–s; p–s–p; ? –p–?

B. oui–non–oui; non–non–oui; oui–oui–non

C. 1. je les y fais. 2. je n'en écris pas maintenant. 3. je ne vous l'ai pas montrée. 4. j'y pense souvent. 5. je vous en ai donné.

D. v–f–v; f–v–f; v–f–f

E. Jean-Paul nous a invités chez lui. Jenny a préparé des canapés. Nous avons bu du vin. On a tiré le tapis et on a poussé les chaises dans un coin. Nous sommes rentrés à trois heures du matin.

Quatorzième Leçon

A. que–qui–que–auxquels; à laquelle–à qui–avec qui–dont

B. v–v–f; f–f–f; v–f–v

C. 1–1–2; 1–3–3; 2–0–0

D. b–a–b; b–c–a

E. Nous sommes arrivés vers sept heures. Le douanier a inspecté une de mes valises. Les Chabrier nous attendaient. Ils ressemblent beaucoup à leurs photos. On est parti tout de suite pour Neuilly.

Quinzième Leçon

A. non–oui–oui; oui–non–oui

B. étaient partis; étudiais; avez vu; était venu; avaient fini; été

C. v–f–v; f–v–f; f–v–v

D. v–v–f; f–f–v; v–f–f

E. v–v–f; v–f–v; f–v–f

F. 2, avenue Gabriel: 265.74.60; 273.12.79: 18, avenue de Suffren; 15, quai Tournelle: 033.23.31

G. f–f–v; v–f–v; v–f–f

Seizième Leçon

A. c–b–b–c; a–a–b–c; a–b–a–b

B. défavorable–favorable–favorable–défavorable; favorable–défavorable–favorable–défavorable

C. non–non–non; non–oui–oui; oui–non–non

D. v–v–f; v–f–v; f–f–v

E. 1889; 1676; 1190; 1180; 1919; 1937; 307; 1875

F. f–v–v; f–f–v; f–f–f

Dix-Septième Leçon

A. non–non–oui; non–oui–non; oui–non–oui

B. v–f–v; f–f–f; f–v–v

C. corrigées; retrouvée; admirées; récité; ouvert; contrôlé; arriver; mangé

D. f–f–v; f–f–v; v–v–f

E. du papier à lettres; des timbres; des cartes postales; des piles pour l'appareil; des guides touristiques de Paris; une paire de gants; une écharpe; des produits de beauté

F.   f–f–v;   v–f–f;   f–v–f

Dix-Huitième Leçon

A.   sérieusement;   patiemment;   précisément;   vraiment;   franchement;   longuement;   lentement;   constamment

B.   v–f–v;   v–f–v;   f–v–f

C.   non–non–oui;   oui–oui–oui;   oui–oui–non

D.   f–f–f;   f–v–v;   f–v–f

E.   4–2–1;   2–3–2

F.   v–f–f;   v–f–f;   v–v–v

Dix-Neuvième Leçon

A.   oui–non–oui;   non–oui–oui;   non–non–non

B.   s–p–p;   s–p–p;   s–s–s

C.   défavorable–défavorable–favorable–défavorable;   favorable–défavorable–favorable–favorable

D.   v–f–v;   v–f–v;   v–f–f

E.   4–3–1;   3–1–2

F.   v–f–f;   v–f–v;   f–v–v

Vingtième Leçon

A.   non–oui–oui;   oui–oui–non;   oui–non–non

B.   elle aille;   je puisse;   ils fassent;   vous ayez;   il veuille;   vous soyez;   il pleuve;   tu saches

C.   v–v–v;   f–v–f

D.   f–f–v;   f–v–f;   f–v–v

E.   f–f–v;   f–f–v;   v–v–v

F.   1. Traversez le pont et prenez la deuxième rue à droite. 2. Prenez la première rue à droite et puis la deuxième à gauche. 3. Allez tout droit et tournez à gauche juste après le pont. 4. Prenez la première à gauche et puis tournez tout de suite à droite. 5. Prenez la troisième rue à gauche et tournez à droite juste avant le pont. 6. Allez tout droit et prenez la rue à droite sur la place que vous voyez là-bas.

G.   La rue du Théâtre? C'est un peu loin d'ici. Vous êtes en voiture? Bon. Voyons. . .prenez cette rue jusqu'à la place que vous voyez là-bas. Là, tournez à gauche et allez tout droit, et vous passerez devant le tribunal. Continuez tout droit et vous serez bientôt devant l'hôtel de ville. Alors, tournez à droite, et la rue aboutira à un grand boulevard. Quand vous serez là, tournez encore à droite et vous verrez la rue du Théâtre à votre gauche. [*Vous:* Merci beaucoup, Monsieur.] Je vous en prie, Mademoiselle.

Vingt et Unième Leçon

A.   je boive;   j'appelle;   je veuille;   je sache;   je fasse;   je sois;   j'aie;   je croie

B.   subjonctif–subjonctif–indicatif–subjonctif;   indicatif–indicatif–subjonctif–subjonctif;   subjonctif–indicatif–subjonctif–indicatif

C. non–oui–oui;   non–oui–non;   oui–oui–non

D. v–f–f;   f–v–f;   f–v–v

E. v–f–f;   f–v–v;   f–v–f

F. v–f–f;   f–v–v;   v–f–v

Vingt-Deuxième Leçon

A. oui–oui–oui;   non–non–non

B. subjonctif–indicatif–subjonctif;   subjonctif–indicatif–subjonctif;   subjonctif–subjonctif–indicatif

C. f–v–f;   v–f–v;   v–v–f

D. 2–1–3;   3–2–3

E. f–f–v;   v–v–f;   f–v–f

F. Au musée du Louvre, il y a d'innombrables œuvres d'art de tous les pays et de toutes les époques. Vous y verrez les chefs-d'œuvre dont vous avez sans doute vu les reproductions ou les photographies aux États-Unis.

G. Matisse;   Berlioz;   Poulenc;   Cézanne;   Degas;   Bizet;   Gounod;   Renoir;   Saint-Saëns

Vingt-Troisième Leçon

A. non–oui–non;   oui–oui–oui

B. raison–raison–tort;   tort–tort–raison

C. v–v–f;   v–v–f;   f–v–v

D. 1. Escargots de Bourgogne, 8F 50. 2. Côte de veau, 9F. 3. Pommes frites, 2F 75. 4. Asperges fraîches au beurre, 3F 25. 5. Camembert, 2F. 6. Crème au caramel, 3F. 7. Un quart de Vittel, 1F 50. 8. Une carafe de vin, 2F 50. (Total, avec le service: 36F 40)

E. v–f–f;   v–f–f;   v–f–v

Vingt-Quatrième Leçon

A. oui–non–oui;   oui–non–non;   oui–non–non

B. p–s–s;   s–p–p;   p–p–p

C. v–f–v;   f–v–v;   v–f–v

D. 3–2–4;   2–2–2

E. v–v–v;   f–f–v;   f–f–v

F. oui–oui–non–non;   non–oui–non–non

G. 1666;   1857;   1913;   1857;   1580;   1945;   1831;   1677

Vingt-Cinquième Leçon

A. fs–mp–mp;   fs–ms–fp;   ms–fs–ms

B. oui–oui–non;   oui–non–oui;   oui–oui–non

C. v–f–f;   v–v–v;   f–f–f

D.   2–3–4;   4–1

E.   Normandie;   Bretagne;   Provence;   Bourgogne;   Alsace;   Gascogne;   Champagne;   Lorraine

F.   f–v–v;   v–f–f;   f–v–v

G.   Depuis le début de la crise de l'énergie, et surtout à cause de l'augmentation du prix de l'essence et du péage et la limitation stricte de vitesse sur les routes, les trains sont de plus en plus fréquentés.

Vingt-Sixième Leçon

A.   oui–non–oui;   oui–non–oui;   non–oui–non

B.   non–non–non;   oui–non–oui

C.   goûter;   étudiais;   mangé;   copier;   vivent;   écrites;   sont;   s'aiment

D.   f–v–f;   f–f–v;   f–v–f

E.   2–4–1–3;   2–4–2–2

F.   v–v–v;   f–f–f;   v–v–v

G.   Je vous invite à passer le week-end chez mes grands-parents. Vous travaillez trop depuis longtemps et il faut que je vous fasse quitter la ville. Ça vous fera du bien de sentir l'air frais de la campagne.

Vingt-Septième Leçon

A.   oui–oui–non;   oui–oui–non;   oui–oui–oui

B.   eu;   duraient;   vint;   s'est levé;   ouvrir;   firent;   écrivent;   parlait;   mangiez;   tue

C.   ils firent;   nous mangeâmes;   elles finirent;   il y eut;   ils parlèrent;   vous entendîtes;   je fus surpris;   il commença;   nous fûmes;   elle but

D.   f–v–v;   f–f–f;   f–f–f

E.   non–oui–oui;   oui–oui–oui;   non–oui–non

F.   v–v–f;   v–f–f;   v–v–v

Answers to *Exercices écrits*[1]

1.1   1. C'est un journal.   2. C'est un mur.   3. C'est un stylo.   4. C'est une fenêtre.   5. C'est une porte. 6. C'est une chaise.

1.2   1. Est-ce que c'est une corbeille?   2. Est-ce que c'est un cahier?   3. Est-ce que ce sont des tableaux?   4. Est-ce que ce sont des journaux?

1.3   1. Non, ce n'est pas une chaise, c'est une table.   2. Non, ce n'est pas une porte, c'est une fenêtre. 3. Non, ce ne sont pas des cahiers, ce sont des livres.   4. Non, ce ne sont pas des livres, ce sont des journaux.

1.4   1. Voilà la porte et la fenêtre.   2. Voilà le cahier et la serviette.   3. Voilà le professeur et l'étudiante.   4. Voilà les tables et les chaises.

1.5   1. La serviette est sous la table.   2. Le crayon est dans le livre.   3. Le stylo est devant le cahier. 4. Les clés sont derrière le cahier.   5. La montre est sur le livre.   6. Le cahier est sous le livre.

*1.6   1. Non, je ne suis pas professeur.   2. Oui, je suis Américain(e).   3. Non, ils ne sont pas dans la classe maintenant.   4. Non, il n'est pas sous la table! 5. Non, nous ne sommes pas dans le couloir. 6. Non, vous n'êtes pas dans la classe.

2.1   1. J'essaie la robe mais je n'aime pas la robe.   2. Nous sommes dans la classe et nous parlons français.   3. Elles entrent dans la boutique et cherchent la vendeuse.   4. Vous êtes étudiants et vous aimez beaucoup le cours de français.

2.2   1. Non, je suis au laboratoire.   2. Non, il est à la bibliothèque.   3. Non, je parle au vendeur.   4. Non, ils parlent aux étudiants.

2.3   1. Non, je parle de l'étudiante.   2. Non, il parle du médecin.   3. Non, elle parle des étudiants.   4. Non, il parle de la boutique.

2.4   *1. Il y a douze jeunes filles dans le cours de français.   *2. Il y a dix-neuf étudiants dans le cours. 3. Il y a 18 pages dans la Leçon 2.   4. seize   5. vingt et un   6. quarante-neuf   7. vingt-quatre 8. trente-trois   9. cinquante-sept

2.5   *1. Il commence à neuf heures.   *2. Je déjeune à midi et demi.   *3. Je rentre à la maison à trois heures et quart.   4. Il est une heure moins le quart.

*2.6   1. J'ai quatre cours demain.   2. Non, il n'a pas de serviette.   3. Non, il n'y a pas de chats dans la classe.   4. Oui, j'ai des stylos à la maison.   5. Non, vous n'avez pas la montre du professeur.   6. Oui, j'ai une montre.

3.1   1. Juin, juillet et août sont les mois de l'été.   2. C'est [La date de Noël est] le vingt-cinq décembre. *3. C'est aujourd'hui le dix-neuf septembre.   4. Avril, juin, septembre et novembre ont trente jours.

---

[1] Exercises, or portions of an exercise, for which various answers are possible are marked by an asterisk. For such items, the answers given here are sample answers. Gender differences are shown in parentheses. For example, *Je suis Américain(e)* indicates that the answer is *Je suis Américain* for a male and *Je suis Américaine* for a female.

3.2 *1. Ils vont au cours de français à onze heures. *2. Je vais au cours de botanique après le cours de français. *3. Je vais déjeuner à une heure demain. 4. Il va à la bibliothèque à une heure.

3.3 *1. Oui, j'aime mon cours de français. 2. Mais non, [je n'écoute pas avec ma bouche,] j'écoute avec mes oreilles. *3. Non, leur médecin n'est pas Français. 4. Non, je n'ai pas sa montre. 5. Non, son livre n'est pas sur mon bureau.

3.4 1. Quelle est votre nationalité? 2. Quelle est votre profession? 3. Quelle est votre adresse? 4. Quelle est la profession de votre père? 5. Quel est le nom de votre mère? 6. Quelle heure est-il [à votre montre]? *7. Quel est votre sport préféré?

3.5 1. N'entrez pas dans cette boutique! 2. Ne parlez pas à cet étudiant! 3. N'écoutez pas ce vendeur! 4. N'essayez pas ces chemises. 5. Ne payez pas ce chapeau!

*3.6 1. Non, je ne réfléchis pas toujours quand je parle. 2. Non, je n'obéis pas toujours à mes parents. 3. Non, ils ne finissent pas toujours leurs devoirs. 4. Non, il ne choisit pas ses étudiants. 5. Non, ils ne choisissent pas mes cours.

*4.1 1. Non, je ne vends pas de montres. 2. Oui, je réponds à ses questions. 3. Non, il n'entend pas toujours ses étudiants. 4. Non, je n'attends pas mon professeur maintenant. 5. Oui, ils répondent à mes lettres.

4.2 1. Où allez-vous? 2. Comment est la leçon? 3. Comment parlez-vous français? 4. Combien de temps travaillez-vous au laboratoire? 5. À quelle heure quittez-vous le laboratoire? 6. Quand allez-vous au cours de français?

4.3 1. Qu'est-ce qui commence à neuf heures? 2. Qui est sympathique? 3. Qui attend le professeur? 4. Qu'est-ce qui est sous la chaise?

4.4 1. Qui est-ce que vous cherchez? 2. Qu'est-ce que vous finissez? 3. Qu'est-ce que vous attendez? 4. Qu'est-ce que vous aimez? *5. Je regarde mon cahier d'exercices maintenant. *6. M. Jones est mon professeur de français. *7. Mon cours de chimie n'est pas facile. *8. J'écoute bien mon professeur en classe.

4.5 1. Pour qui travaillez-vous? 2. À quoi pensez-vous? 3. À quoi répondez-vous? 4. À qui parlez-vous? 5. Avec qui déjeunez-vous? 6. À qui allez-vous répondre?

*4.6 1. Je parle français et je fais les exercices oraux dans le cours de français. 2. Ils font leurs devoirs à la maison. 3. Non, je ne fais pas mon lit tous les jours. 4. Il fait beau, il fait du soleil, il fait du vent et il fait chaud.

5.1 *1. Non, il ne comprend pas toujours ses étudiants. *2. J'apprends à parler français dans mon cours. *3. Je prends mon petit déjeuner à huit heures moins le quart. *4. Je ne comprends pas très bien mon professeur de français. 5. Combien de repas prenez-vous chaque jour?

5.2 1. Jean-Paul attend-il Jenny? 2. Jenny parle-t-elle à M. Dubois? 3. Déjeunent-ils ensemble? 4. Jenny écoute-t-elle Jean-Paul? 5. Le garçon apporte-t-il leur café? 6. Jenny a-t-elle son livre? 7. Pose-t-il des questions? 8. Répond-elle à ses questions?

5.3 1. des 2. du 3. du 4. du 5. du 6. du 7. du 8. de la 9. des 10. des 11. des 12. des 13. de l' 14. du 15. du 16. Si, j'ai de l'eau minérale. 17. Si, j'ai de la viande. 18. Si, j'ai de l'argent. 19. Si, j'ai beaucoup d'imagination. 20. Si, vous posez trop de questions!

*5.4   1. Je veux regarder la télévision ce soir.   2. Je veux manger du rosbif demain.   3. Ils veulent faire du camping cet été.   4. Il veut parler français en classe.

*5.5   1. Non, je ne bois pas de Coca-Cola au petit déjeuner [je bois du jus d'orange].   2. Oui, ils boivent du vin de temps en temps.   3. Non, elle ne boit pas de jus de carotte.   4. Nous buvons de l'eau quand nous avons soif.

6.1   1. On va à la pharmacie pour acheter de l'aspirine.   2. À la charcuterie on vend du jambon.   *3. On prend du jus d'orange, du lait ou du café, des toasts, des céréales, des œufs, du bacon, etc.   *4. Dans le cours de français on fait les exercices oraux, on apprend les dialogues, on parle français, on répond à des questions, etc.

6.2   *1. épinards, les épinards   *2. frites, les frites   *3. de lait, le lait   *4. un morceau, un verre, deux tasses   5. les, les, des

6.3   1. Cette maison est vieille.   2. Ce fruit est mauvais.   3. Ces crayons sont longs.   4. Ce vendeur est patient.   5. beau   6. grande   7. légère   8. jeune   9. travailleur   10. mécontent   11. bonne   12. bête

6.4   1. Vous faites des exercices oraux.   2. Ces étudiants cherchent des professeurs exceptionnels.   3. Ces vendeuses ont des voitures japonaises.   4. Ce sont des hommes sympathiques.

6.5   1. Nous regardons de beaux hôtels.   2. Voulez-vous essayer d'autres robes?   3. Ils ont de jolies fleurs.   4. Elles attendent de longues lettres.   5. C'est un bel arbre.   6. C'est un homme riche.   7. Ce sont de petites voitures.   8. Ce sont des chaises légères.   9. C'est un très vieil hôtel.   10. Ce sont de belles fleurs.

6.6   1. C'est un crayon.   2. Il est ingénieur.   3. Il est sur la table.   4. C'est une étudiante travailleuse [Elle est travailleuse].   5. C'est Marie.   6. Elle est étudiante [C'est une étudiante].

*7.1   1. Il dit bonjour quand il arrive au cours.   2. Je dis au revoir quand je quitte la classe.   3. Je dis «tu» à mes camarades dans le cours.

7.2   1. Monique est aussi grande que Philippe.   2. Christine est plus petite que Philippe.   3. La lettre de Monique est plus longue que la lettre de son frère.   4. La lettre de Christine est plus courte que la lettre de Philippe.   5. La valise de Jenny est plus lourde que la valise de Jean-Paul.   6. La valise de Christine est plus légère que la valise de Philippe.

*7.3   1. Oui, et «Roma» est le meilleur restaurant de notre ville.   2. Oui, et je suis l'étudiant(e) le (la) plus sympathique de mon cours!   3. Oui, et le bâtiment de l'École de Musique est le plus moderne de notre campus.   4. Ah oui, et le «Sloppy Joe's» est le plus mauvais restaurant de notre ville!

7.4   1. J'appelle la serveuse et elle nettoie la table.   2. Cet étudiant essaie plusieurs voitures et achète la voiture blanche.   3. Nous ne mangeons pas de carottes parce que nous préférons les asperges.

*7.5   1. Je viens d'Ann Arbor.   2. Il vient de Montclair.   3. Nous venons au cours à dix heures.   4. Je viens de répondre à une question.

7.6   *1. Ma maison est à deux kilomètres de l'université.   2. Il y a 37 litres 85 dans dix gallons américains.   *3. Je pèse 52 kilos.   *4. Je mesure à peu près 155 centimètres.   *5. La taille de ma chemise est 16.

*8.1   1. Non, je ne la lui donne pas!   2. Oui, je les leur montre de temps en temps.   3. Non, je ne la leur dis pas toujours.   4. Oui, je les lui raconte de temps en temps.

*8.2   1. Non, nous ne la savons pas toujours.   2. Oui, ils le savent.   3. Je sais bien jouer au tennis.   4. Ma mère sait jouer du piano.

8.3   *1. Je connais bien mon ami Bill [mon amie Carol].   *2. Je veux connaître Paris.   *3. Non, ils ne le connaissent pas.   *4. Je connais bien «Pagoda».   5. Je ne connais pas le président de l'université.   6. On sait que vous comprenez le français.   7. Nous savons patiner.   8. Elles savent bien cette leçon.

*8.4   1. Mais non, je ne vous le vends pas.   2. Ils me les racontent de temps en temps.   3. Oui, il me l'explique.   4. Oui, je vous le donne.

8.5   1. Où demeure Monique?   2. Que fait Monique?   3. De qui parlent ses parents?   4. Quand rentre leur fils?   5. Pourquoi est-ce que Monique est contente?   6. À qui est-ce que Jean-Paul envoie une lettre?

*8.6   1. Oui, je peux comprendre mon professeur [le comprendre].   2. Ils ne peuvent pas parler anglais. 3. Oui, vous pouvez me poser une autre question.   4. Je ne peux pas sortir ce soir.

*9.1   1. Non, ils ne dorment pas en classe!   2. Je dors à peu près huit heures chaque jour.   3. Je dors dans ma chambre.

9.2   1. nous avons attendu   2. j'ai parlé   3. elle a bu   4. il a voulu   5. j'ai eu   6. vous avez fini   7. ils ont pu   8. il a plu   9. elles ont été   10. j'ai essayé   *11. J'ai déjeuné à onze heures et demie hier.   *12. J'ai fait mes devoirs à la bibliothèque hier.   *13. J'ai parlé à Bob, un de mes copains.

*9.3   1. Je pars de la maison à neuf heures pour aller en classe.   2. On sort de la classe quand le cours est terminé.   3. Non, je ne sors pas ce soir, j'ai trop de travail.

9.4   1. tu es arrivé(e)   2. ils sont rentrés   3. je suis venu(e)   4. nous sommes allé(e)s   5. je suis sorti(e) 6. il est parti   7. elle est restée   8. elles sont arrivées
Voyage de Jacqueline   1. Nous sommes allés   2. Nous sommes partis   3. Il a plu   4. il a neigé 5. Charles n'a pas voulu   6. Nous sommes arrivés   7. Elle est sortie   8. j'ai arrêté   9. Nous sommes entrés   10. Nous avons dîné   11. Nous avons fini   12. Nous avons joué   13. J'ai parlé   14. je suis montée   15. J'ai pris   16. Nous avons regardé

*9.5   1. Ce n'est pas vrai, ça.   2. Ça, c'est possible.   3. Ça, c'est faux!   4. Ce n'est pas bon, ça.   5. Ça, c'est bête.

*10.1   1. On conduit prudemment quand il neige.   2. Non, je ne traduis pas beaucoup de phrases en anglais.   3. La France et les États-Unis produisent beaucoup de vin.   4. Mais non, je ne l'ai pas détruit!

10.2   1. Non, je ne dors jamais en classe.   2. Non, je n'étudie plus à la high school.   *3. Non, je n'ai jamais voyagé à Cuba.   4. Non, je ne réponds pas en anglais [quand on me pose une question en français].

10.3   *1. Oui, je sortais avec des garçons [des filles] quand j'avais seize ans.   *2. Non, je ne parlais pas français quand j'étais petit(e).   *3. Non, il ne me connaissait pas l'année dernière.   *4. Ils parlaient [bavardaient] quand je suis arrivé(e) au cours hier.   *5. Il faisait froid quand je suis rentré(e) hier. *6. Je lisais un journal et je mangeais une banane à neuf heures hier.
Voyage de Jenny   1. Nous sommes partis   2. nous sommes allés   3. Il faisait   4. nous avions   5. Nous avons déjeuné   6. était bondé   7. nous avons attendu   8. j'ai montré   9. nous avons visité 10. Il était   11. nous avons décidé   12. était [a été]   13. Il pleuvait   14. était   15. il y avait   16. attendait   17. nous sommes rentrés   18. Nous n'étions pas   19. nous avons regardé

*10.4 1. Je vois des arbres et des toits par la fenêtre de ma chambre.   2. Mon ami Bill me voit souvent.   3. Non, vous ne me voyez pas maintenant.   4. Je voyais souvent Barbara quand j'avais quinze ans.

*11.1 1. Non, je ne l'ai pas regardée ce matin.   2. Oui, je les ai faits hier.   3. Non, il ne me [nous] l'a pas expliquée hier.   4. Oui, je les ai comprises.

11.2 1. Je n'écris pas de lettres en classe.   2. J'écrivais une composition hier soir quand tu m'as téléphoné.   3. Voici une lettre pour Paul; je l'ai écrite hier.

11.3 *1. Je m'appelle Carol Jean Shook.   *2. Je me lève à huit heures moins vingt.   *3. Je me couche à onze heures et demie.   *4. Je me les brosse dans la salle de bains.   5. Où est-ce que vous vous habillez [vous habillez-vous]?   6. On se dépêche quand on est en retard.   7. Réveille-toi!

11.4 1. Ma mère s'est levée à sept heures.   2. Mes parents se sont promenés dans le jardin.   3. Ces étudiants se sont couchés tard.   4. Cette dame s'est lavé les mains.   5. Vous vous êtes dépêchée, Gisèle?   6. Tu t'es foulé la cheville, Jeanne?   *7. Je me suis couché(e) à minuit et demi.   *8. Je me suis levé(e) à huit heures et quart.   *9. J'ai dormi à peu près huit heures.   *10. Je me les suis coupés jeudi dernier.

11.5 1. quatorze, dix-sept cent quatre-vingt-neuf   2. mil [mille] deux cent [douze cent] quatre-vingt-dix-huit   3. trois cent quatre-vingt-quatorze mille   4. neuf cent quatre-vingt-quatorze soixante-douze zéro six   5. seize, dix-neuf cent soixante-quatre

12.1 *1 La monarchie existe au Danemark, en Belgique, aux Pays-Bas, en Angleterre, etc.   2. [Les pays voisins de la Suisse] Ce sont la France, l'Italie, l'Autriche et l'Allemagne.   3. Ce sont le français, l'espagnol, l'italien, le portugais, etc.   4. Ce sont le Maryland, la Virginie de l'ouest, le Kentucky, le Tennessee et la Caroline du Nord.

12.2 *1. Non, je n'ai pas peur d'eux.   *2. Oui, j'ai besoin de lui.   *3. Non, il est moins jeune que moi [je suis plus jeune que lui].   *4. Moi, je prends du café et du lait avec mon dîner.   5. Non, je ne suis jamais allé(e) chez elle.

12.3 1. J'aurai   2. je pourrai   3. je rentrerai   4. seront terminés   5. nous irons   6. nous partirons   7. Je logerai   8. ils voudront   9. Je vous enverrai   10. je serai arrivée   11. Vous me répondrez   12. Je prendrai   13. je connaîtrai   14. Je ferai   15. je ne parlerai pas   16. je serai

12.4 *1. Je lis le *New York Times*.   *2. Oui, ils lisent des romans de temps en temps.   *3. J'ai lu mon livre de zoologie et deux lettres.   4. Lisez-vous des journaux français?

12.5 1. Mais non, il n'y a personne sous mon lit!   2. Non, je n'ai rien perdu ce matin.   3. Non, personne ne me dérange maintenant.   4. Mais non, rien n'est trop difficile dans mon livre de français.   5. Non, je n'ai besoin de rien en ce moment.

13.1 *1. D'habitude il est debout, mais il s'assied de temps en temps.   *2. Je suis assis(e) entre Bill et Barbara.   3. Asseyez-vous et reposez-vous un peu.

*13.2 1. Oui, j'y pense assez souvent.   2. Non, je ne les y fais pas [je les fais à la maison].   3. Non, je ne pense pas à eux en ce moment.   4. J'y vais quatre fois par semaine.   5. Oui, j'y ai répondu.   6. Non, je ne leur obéissais pas toujours quand j'étais petit(e).

*13.3 1. Nous recevons des cartes et des cadeaux à Noël.   2. Non, je ne reçois pas de professeurs chez moi.   3. Non, je n'ai jamais reçu de lettre anonyme.

*13.4   1. Oui, j'en bois de temps en temps.   2. J'en ai trois demain.   3. Non, il n'y en a pas dans la classe.   4. Oui, on en parle dans mon cours.   5. Je parle d'eux à mon ami Bill.   6. Oui, j'en ai assez pour y aller.

13.5   1. Ah oui? tu lui as téléphoné?   2. Ah oui? vous y êtes allés?   3. Ah oui? tu l'y as rencontré? 4. Ah oui? tu la lui as présentée?   5. Ah oui? il vous en a parlé?   6. Ah oui? il en a deux qui y habitent?   7. Ah oui? il vous a parlé d'eux?   8. Ah oui? il les lui a montrées?

13.6   1. une moitié   2. un tiers   3. un cinquième   4. neuf-dixièmes   5. un quart   6. deux tiers

*14.1   1. Il est fermé.   2. Je leur en offre à Noël et pour leur anniversaire.   3. Non, je ne lui ai rien offert.   Christophe Colomb l'a découverte, en 1492.

14.2   1. Voilà un pilote qui est sympa.   2. L'hôtesse qui monte à bord est Française.   3. L'avion qui est en retard arrive de Paris.   4. Voilà la valise qui est très lourde.

14.3   1. Voilà la rue que j'ai traversée.   2. Voilà la serveuse qui parle anglais.   3. Je regarde le menu qu'elle m'a apporté.   4. Je commande un repas qui ne coûte pas cher.   5. Je mange la soupe que j'ai commandée.   6. Voici l'addition que je vais payer.

14.4   1. Voilà la valise que vous cherchiez.   2. Voilà l'hôtesse à qui j'ai parlé.   3. Voilà le passeport dont j'ai besoin.   4. Voilà le journal auquel vous pensiez.   5. Voilà le pilote que je trouve beau. 6. Voilà l'hôtesse dont je parlais.   7. que   8. qui   9. qui   10. dont   11. à laquelle   12. qui 13. qu'   14. que   15. dont   16. qui

*14.5   1. C'est une jeune fille ou une femme qui sert des repas dans un restaurant.   2. C'est une forme géométrique qui a trois côtés.   3. C'est un repas qu'on prend à midi.   4. C'est un homme qui conduit une voiture.

15.1   1. Ne les y mettez pas maintenant; mettez-les-y plus tard.   2. Ne m'en parlez pas maintenant; parlez-m'en plus tard.   3. Ne me la lisez pas maintenant; lisez-la-moi plus tard.   4. Ne me le donnez pas maintenant; donnez-le-moi plus tard.

*15.2   1. Oui, j'ai étudié toute la leçon.   2. Non, je ne peux pas répondre à toutes ses questions.   3. Oui, j'ai fait tout l'exercice [précédent].   4. Oui, je connais tous les étudiants dans mon cours.   5. Non, je n'ai pas fait tous mes devoirs pour demain.

15.3   1. Vous aviez faim parce que vous n'aviez rien mangé.   2. Vous ne saviez plus l'adresse de Paul car vous l'aviez perdue.   3. Il faisait froid parce qu'il avait neigé.   4. Vous êtes allé chez Paul, mais il était déjà parti.   5. Vous avez trouvé le message qu'il vous avait laissé.

15.4   *1. Oui, j'ai plus d'argent [sur moi] que vous.   *2. Non, j'ai moins d'argent aujourd'hui qu'hier.   3. Jenny a le plus d'argent.   4. Jenny a plus d'argent que Philippe.   5. Personne n'a moins d'argent qu'elle.   6. Jean-Paul a autant d'argent que lui.

16.1   1. Je déjeunerai avant de rentrer; Je rentrerai après avoir déjeuné.   2. Tu te reposeras avant de repasser tes robes; Tu repasseras tes robes après t'être reposée.   3. Vous travaillerez avant de regarder la télé; Vous regarderez la télé après avoir travaillé.

*16.2   1. Oui, j'espère y aller.   2. Non, je n'aime pas en parler.   3. Oui, je veux en manger.   4. Non, je ne vais pas les voir ce soir.   5. Non, je ne peux pas lui parler maintenant.

*16.3   1. Mon camarade Bill m'a conseillé de l'apprendre.   2. Il me [nous] demande de parler français.
3. J'ai besoin de prendre un bain ce soir.   4. Je refuse de parler anglais en classe.   5. Oui, j'essaie
de finir ce devoir!

16.4   1. Cet étudiant refuse d'apprendre à conduire.   2. Elle ne regrette pas d'avoir commencé à étudier
le français.   3. Il encourage l'étudiant à accepter de faire le travail.

16.5   1. C'est parce que j'ai sommeil.   2. C'est parce qu'elle a chaud.   3. C'est parce qu'ils ont faim.
4. C'est parce qu'il a soif.   5. C'est parce qu'il a envie de sortir.   6. C'est parce qu'il a besoin
d'argent.

17.1   1. C'est ce que je fais en ce moment.   2. C'est ce dont j'ai besoin.   3. C'est ce que j'apprends.
4. C'est [ce] à quoi je réponds.   *5. Ce n'est pas à quoi je pense.   *6. Non, ce n'est pas ce qui
m'ennuie.

*17.2   1. Cela veut dire qu'il ne faut pas fumer.   2. Il vaut mieux ne pas dormir en classe!   3. Il faut à
peu près quatre heures pour y aller de New York.   4. Il faut deux ou quatre personnes pour jouer
au tennis.   5. Il me faudra une heure pour le faire.   6. Il vaut mieux se laver la figure tous les
matins.

17.3   1. Je n'ai qu'une bouche.   *2. Non, je n'ai que dix dollars sur moi.   *3. Non, je ne comprends que
l'anglais et le français.   *4. Je n'y vais que deux fois par mois.   5. Il ne faut y répondre qu'en
français.

17.4   1. La grammaire est expliquée par M. Dubois.   2. Demain le dialogue sera récité par les étudiants.
3. Leurs compositions seront corrigées par M. Dubois.   4. Plusieurs compositions ont été écrites par
Charles.   5. M. Dubois est admiré des étudiants.   6. Son cours est préféré par beaucoup d'étudiants.

18.1   1. Je l'apprends constamment.   2. J'y ai répondu affirmativement.   3. Je les écris lisiblement.   4.
Je lui parle franchement.   5. Je les leur raconte rarement.   6. J'y vais assez fréquemment.

*18.2   1. Je parle le moins souvent d'examens et de mes ennuis.   2. Ma mère écrit des lettres le plus
souvent.   3. Personne ne travaille plus patiemment que moi!   4. Je sais conduire beaucoup mieux
que ma mère.

18.3   1. Oui, j'ai répondu à chacune des questions.   2. Non, je n'écris aucune lettre en classe.   3. Oui,
chacun de mes camarades parle français dans mon cours.   4. Non, je n'ai aucune photo d'eux.

18.4   1. J'ai annoncé à mes parents que je me marierais avec lui.   2. Je savais qu'ils ne seraient pas contents.   3. Il m'a dit que nous chercherions un appartement.   4. Il m'a promis que nous serions
heureux.   5. Je pensais que nous aurions assez d'argent.   6. Je lui ai dit qu'on se marierait le
premier juin.   7. Mais si j'étais malade, je resterais à la maison.   8. Mais s'il savait la vérité, il me
la dirait.   9. Mais s'il avait fait beau, je serais sorti.   10. Mais si je n'avais pas beaucoup étudié, je
n'aurais pas réussi à l'examen.   11. Mais s'il m'avait dit qu'il voulait se marier avec moi, je lui aurais
dit non.   12. Mais si tu m'avais dit que tu m'aimais, je t'aurais compris.

*18.5   1. Non, ils ne suivent pas de cours à l'université.   2. Non, je ne suis pas souvent leurs conseils.   3.
En général, ils suivent quatre ou cinq cours chaque semestre.   4. Oui, je le suis de près.

19.1   1. J'ai commandé du café aujourd'hui.   2. J'ai bu seulement du café.   3. Mon copain a vraiment
parlé de ses ennuis.   4. Je l'ai écouté longuement.   5. Je lui ai parlé fréquemment.   6. Je l'ai bien
compris.

19.2   1. Duquel voulez-vous parler?   2. À laquelle allez-vous répondre?   3. Laquelle ne comprenez-vous pas?   4. Desquels avez-vous besoin?   5. Auquel pensiez-vous?

*19.3   1. Je tiens un crayon à la main.   2. Malheureusement, il ne tient pas toujours ses promesses.   3. Je l'obtiendrai en 1980.   4. Je tiens à travailler pour mon oncle riche qui habite à San Juan.

*19.4   1. Il est agréable de faire une promenade quand il fait beau.   2. Il est impossible de répondre à toutes les questions.   3. Il est amusant d'écouter le professeur quand il parle de son enfance.   4. Il est dangereux de tomber d'une échelle.

*19.5   1. Je suis si sympa que tout le monde m'admire.   2. Ma chambre est si petite qu'il n'y a pas assez de place pour une table de nuit.   3. Je suis si occupé(e) que je n'ai pas le temps de regarder la télé.   4. Comme tu es travailleuse [Tu es si travailleuse], Charlotte.   5. Quelle belle chambre tu as [Comme tu as une belle chambre], Robert.   6. Il fait si beau [Comme il fait beau].

20.1/   1. Il est important que vous arriviez à l'heure.   2. Il est clair que vous comprenez la question.   3.
20.2   Il est utile que vous parliez à cet enfant.   4. Il est évident que vous aimez manger.   5. Il est bon que vous mangiez des fruits.   6. Il est juste que vous demandiez mon adresse.

20.3   1. Il est vrai que Jenny est chez les Chabrier.   2. Il est naturel qu'elle veuille visiter la Sorbonne.   3. Il est douteux qu'elle ait beaucoup de temps.   4. Il est possible qu'elle prenne l'autobus.   5. Il faut bien qu'elle revienne en France.   6. Il est bon qu'elle puisse voir la Tour Eiffel.   7. Il est temps qu'elle fasse beaucoup de progrès en français.   8. Il est certain qu'elle finit [finira] ses projets.

20.4   1. Non, mais je sais celui de mes parents.   2. Non, mais je connais ceux de mes parents.   3. Non, mais j'ai conduit celle de mes parents.   4. Non, mais je comprends ceux de mes parents.   5. Non, mais je cherche celui des mes parents.   6. Non, mais j'ai trouvé celles de mes parents.

*20.5   1. Quelques-uns de mes cours sont excellents.   2. Non, quelques-unes des voitures ne coûtent pas trop cher.   3. Quelques-uns de mes camarades vont en Europe.   4. Quelques-unes des leçons sont très faciles.   5. Oui, j'en ai vu quelques-unes.   6. Oui, il m'en pose quelques-unes.

*21.1   1. Nous ne croyons pas tout ce qu'on nous dit [Il y a des gens qui croient tout ce qu'on leur dit].   2. Je ne crois pas à l'astrologie.   3. Oui, je le crois.   4. C'est une personne qui ne croit pas en Dieu.

21.2   1. Vous demandez que je fasse les devoirs.   2. Vous défendez que je dorme en classe.   3. Vous voulez que j'aille au labo.   4. Vous désirez que je réponde aux questions.   5. Vous exigez que je finisse les exercices.   6. Vous permettez que je prenne des notes.

21.3   1. Non, je ne crois pas qu'il y ait quelqu'un sous mon lit.   2. Je ne suis pas sûr(e) qu'on me comprenne tout le temps.   3. Je ne pense pas qu'il soit impatient.   4. Je ne suis pas toujours certain(e) qu'il soit facile.   5. Je ne doute pas qu'il est intelligent.   6. Je ne nie pas que vous êtes Américain.

21.4   1. C'est le meilleur film que nous ayons jamais vu.   2. Je ne connais personne qui sache toutes les réponses à toutes les questions.   3. Y a-t-il quelqu'un qui soit plus sympa qu'elle?   4. Je connais quelqu'un qui pourra [peut] l'aider.   5. Il n'y a rien qui puisse l'intéresser.   6. Marie, tu es la plus belle jeune fille que nous ayons connue.

22.1   1. Vous êtes content que Jenny aille au Louvre.   2. Vous êtes fâché qu'il pleuve.   3. Vous regrettez que le musée soit fermé.   4. Vous êtes surpris qu'elle n'ait pas pris de parapluie.   5. Vous êtes étonné qu'elle ne veuille pas rentrer.   6. Vous êtes heureux qu'elle puisse prendre un taxi.

22.2　1. Oui, ils parlent tous [Tous parlent] français dans le cours.　2. Oui, ils sont tous [Tous sont] sympa.　3. Si, j'ai tout compris dans cette leçon!　4. Mais si, tout va bien aujourd'hui.

22.3　*1. J'éteins la lumière quand je sors de ma chambre ou quand je me couche.　*2. Non, je ne les ai pas peints.　3. Ils éteignent le feu.　4. Peignez-vous votre maison vous-même?

22.4　1. Je viendrai avant que vous partiez.　2. Il vous aidera bien qu'il soit fatigué.　3. Elle est partie sans qu'on la voie.　4. Il vous écrira dès qu'il sera arrivé [arrivera] à Paris.　5. Je fais ceci pour que vous soyez content.　6. Elle est triste parce que vous êtes absent [vous n'êtes pas ici].　7. J'attendrai jusqu'à ce que vous soyez arrivé [vous arriviez].　8. Je ferai ce travail pourvu que vous m'aidiez.

*22.5　1. Je souris souvent à mon amie Carol.　2. Nous sourions quand nous sommes heureux.　3. Oui, on rit assez souvent dans mon cours.　4. On rit quand quelqu'un dit quelque chose de drôle.

*23.1　1. Je suis content(e) d'apprendre le français.　2. Je suis fatigué(e) de faire les exercices.　3. Je suis curieux(-euse) de savoir si Jenny et Jean-Paul existent vraiment.　4. Je serai certain(e) de prendre mon petit déjeuner!　5. Je ne suis pas capable de manger autant que vous!　6. Je serais heureux-(-euse) de connaître quelqu'un comme Monique Chabrier.

23.2　1. Vous n'êtes pas la seule à dire que les escargots sont bons à manger.　2. Je suis curieux de savoir si vous êtes habitué à prendre du vin au petit déjeuner.　3. Nous sommes occupés; nous ne sommes pas prêts à déjeuner bien que nous ayons faim.

*23.3　1. Je me sers d'un crayon pour écrire.　2. On y sert du jus de fruits, du lait, du café et du thé.　3. Ils servent à couper. Je m'en sers assez souvent.

23.4　1. Oui, il est certain que tout le monde meurt un jour.　*2. Oui, je suis un cours (ce n'est pas le cours de français!) où je meurs d'ennui.　*3. Je prendrais de l'eau froide.　4. Oui, Jeanne d'Arc est morte à Rouen.

*23.5　1. Je vais passer la soirée à préparer mon examen de psychologie.　2. Je ne l'ai pas le samedi et le dimanche.　3. J'aimerais passer toute une journée chez Monique Chabrier.　4. Je voudrais passer toute une année en France.　5. J'ai passé la matinée à faire des courses.　6. En général, je joue au tennis avec mes camarades le dimanche après-midi.

24.1　1. Ce garçon ne plaît pas à la fille.　2. Rien ne plaît à cet homme.　3. Cette robe ne me plaît pas.　4. Paris nous a beaucoup plu.　*5. Elle me plaît assez bien.　*6. Le livre lui plaît beaucoup.

24.2　1. Non, je ne connais ni Monique ni Jenny.　2. Non, je n'ai mangé ni escargots ni rosbif ce matin.　3. Non, ni mon père ni ma mère ne vous connaît.　4. Mais non, je ne meurs ni de peur ni d'ennui dans le cours.　5. Non, ni les dialogues ni les exercices ne sont trop difficiles.　6. Mais non, je ne bois ni vin ni bière au petit déjeuner!

*24.3　1. Je crains les examens finals vers la fin du semestre.　2. Non, il ne me craint pas.　3. Je me plains des gens qui sont trop agressifs.　4. Je ne me plains de rien dans mon cours!

*24.4　1. Non, c'est [ce sont] des exercices écrits que je fais maintenant.　2. C'est en classe et puis au labo que je les fais.　3. Non, c'est à onze heures qu'il finit.　4. Non, c'est à la maison que je les fais.　5. Non, c'est des vacances d'été que je veux parler.　6. C'est en juin qu'elles commencent.　7. Non, c'est à midi que je déjeune.　8. Non, c'est dans ma chambre que je m'habille.

*25.1 1. Je passe les miens en juin. 2. La mienne est assez grande et assez jolie. 3. Non, je crois que les vôtres sont plus difficiles que les siennes. 4. La sienne marche très bien.

*25.2 1. Je cours quand je suis très en retard. 2. Oui, Bill court à la porte dès que le cours est terminé. 3. Il me faut au moins vingt secondes pour courir cent mètres.

25.3 1. Jenny connaîtra mieux la France en visitant la province. 2. Elle s'est assise en ôtant son manteau. 3. Jean-Paul lui parlait en souriant. 4. Il lui a posé une question en regardant la campagne. 5. Elle ne pouvait pas répondre, ne sachant pas la réponse. 6. S'étant couchée tard, elle était très fatiguée.

*25.4 1. J'ai commencé mon étude du français il y a sept mois. 2. Il fait mauvais depuis hier matin. 3. Je le connais depuis trois mois. 4. J'y suis allé(e) il y a deux jours. 5. J'y suis depuis presque deux ans. 6. J'y serai pendant deux ans [de plus]. 7. J'ai étudié le français pendant une heure hier. 8. Je le fais depuis sept heures du soir. 9. Nous l'avons fini il y a deux semaines. 10. Je vais regarder la télé demain soir pendant une heure et demie.

*26.1 1. Je me sens bien aujourd'hui. 2. Je me sens énergique après m'être bien reposé(e). 3. Mon parfum sent très bon. 4. On ôte ses vêtements et on ouvre la fenêtre. 5. C'est une personne qui ne dit pas la vérité.

26.2 1. Jenny et Jean-Paul se voient. 2. Jean-Paul et Jenny se plaisent. 3. Jenny et Jean-Paul ont besoin l'un de l'autre. 4. Les Wilson et les Chabrier parlent les uns des autres. 5. Monique et Jenny se sont vues. 6. Monique et Jenny se sont parlé.

*26.3 1. Nous vivons aux États-Unis. 2. Non, je n'ai jamais vécu à Martinique. 3. Ils vivent dans le Michigan. 4. Ah oui, je vis en paix avec tout le monde.

*26.4 1. Non, je me les fais couper chez le coiffeur. 2. Non, je la fais réparer par l'horloger. 3. Je la nettoie moi-même. 4. Je la fais réparer par le dépanneur. 5. Voyons, je les fais toujours moi-même! 6. Je n'ai pas de voiture, mais si j'en avais une, je la ferais réparer par le garagiste. 7. Ils me font écrire une lettre une fois par semaine. 8. Il me fait trop travailler!

27.1 1. Parce que je crains qu'il ne pleuve. 2. Je sortirai à moins qu'il (elle) ne soit occupé(e). 3. Mais non, je suis plus travailleur(-euse) que vous ne le supposez! 4. Je les mets de peur que je n'attrape un rhume. 5. Je pense qu'il est plus utile que vous ne le croyez.

27.2 1. finit 2. sortit 3. fit 4. l'aidai 5. J'éteignis 6. montai 7. Je pris 8. la posai 9. entra 10. s'assit 11. s'ouvrit 12. tombèrent 13. s'excusa 14. les ramassa 15. frappa 16. j'eus fermé 17. proposa 18. descendit 19. attendit 20. commença 21. nous fûmes descendues 22. vit 23. demanda

27.3 1. rentre 2. doive 3. a insisté 4. prenne 5. aurait cru 6. soit 7. aurait voulu 8. sont allés 9. ont dit 10. a demandé 11. écrive 12. revienne

APPENDIX C

English Equivalents of *Conversations, Dialogues,* and *Expressions utiles*[1]

Première Leçon

Conversations

A. *Hello!*

Jacqueline:	Hello [sir].
Professor:	Hello [Miss]. How are you?
Jacqueline:	Just fine [very well], thank you. And you?
Professor:	Fine, thank you.

B. *Hi!*

Robert:	Hi, Jacqueline.
Jacqueline:	Hi, Robert. How are you?
Robert:	Not bad, thanks. And you?
Jacqueline:	So-so.

C. *Good-bye!*

Jacqueline:	Excuse me, I'm late.
Robert:	Good-bye, Jacqueline.
Jacqueline:	See you tomorrow, Robert,

Application

A. *Hello, Jean-Paul!*

Jean-Paul:	Hi, Jenny.
Jenny:	Hello, Jean-Paul. How are you?
Jean-Paul:	Just fine, thanks. . .say, do you speak French?
Jenny:	Yes, a little. I'm in a French class [course].
Jean-Paul:	Is that so? And where is your [the] classroom?
Jenny:	Here, in front of you.
Jean-Paul:	What is that? Is it your [the] French book?
Jenny:	No, it's the workbook. And there's the professor, in front of the blackboard.
Jean-Paul:	Is he French?
Jenny:	No, he's an American.

B. *Greetings*

Hello, { Monsieur. / Mademoiselle. / Madame. }   Hi, { Michel. / Martine. }

---

[1] These English equivalents are only approximate. Brackets [. . .] are used to indicate a more literal translation, or words usually omitted in either French or English.

How are you? } (Just) fine, thank you.
[two ways] } Not bad, thank you.
} So-so. } And you?
} Not very well.

Good-bye, } Jean-Paul.
See you tomorrow, }

In class

Listen carefully, }
Look (at the board), }
Repeat (after me), } (please).
Once more, }
Answer (in French), }
Louder, }

Deuxième Leçon

Conversations

A. *I speak French.*

Jacques: How are you, Debbie?
Debbie: Just fine, thanks.
Jacques: Oh, you speak French?
Debbie: Yes, a little. I'm in a French class.

B. *It's very hard!*

Professor: Are you studying chemistry?
Jacqueline: Yes, I'm in a chemistry class [course].
Professor: How is the course?
Jacqueline: It's very hard!

C. *It's noon.*

Jean-Paul: What time is it?
Monique: It's noon.
Jean-Paul: Let's have lunch at the university cafeteria [restaurant].
Monique: O.K.

Application

A. *You're working too hard [too much]!*

Jean-Paul: So, how is the French class [course]?
Jenny: It's very interesting, and Mr. Dubois is very nice.
Jean-Paul: How long do you study [work] each day?
Jenny: That depends, but on the whole almost two hours.
Jean-Paul: Oh, my! You're working too hard!

Jenny:	That's possible, but it's because I like French a lot.
Jean-Paul:	By the way, how many times a week are you free at ten?
Jenny:	Only twice a week.
Jean-Paul:	That's too bad! Are you free tomorrow [at] noon?
Jenny:	Yes. Why?
Jean-Paul:	Let's have lunch together tomorrow in the school cafeteria [university restaurant].
Jenny:	O.K.

B. *Courses*

anthropology	law	music
architecture	geography	physics
astronomy	history	psychology
botany	literature	political science
chemistry	mathematics	sociology
business	medicine	zoology

Studies

to study ⎱
to work ⎰ ⎰ (a) little
     a lot
     too hard [too much]

to like ⎱
to hate ⎰ ⎰ the course
     the teacher
     the lab work

The course is ⎰ easy (hard).
     interesting (boring).
     useful (useless).

Troisième Leçon

Conversations

A. *Today is Monday, September 21.*

Bill:	What day is it today?
Christine:	Today is Monday.
Bill:	No, no, I'm asking for the date.
Christine:	The date? It's September 21.

B. *It's the professor's book.*

Charles:	What's that?
Françoise:	It's a book.
Charles:	Is it your book?
Françoise:	No, it's the professor's book.

Application

A. *Let's go to the movies tonight!*

Jean-Paul:	Do you have homework tonight?
Jenny:	Yes, on [every] Thursday there's always psychology homework.
Jean-Paul:	That's too bad! The cinema club is showing [giving] a French film.
Jenny:	Is that so? What film?
Jean-Paul:	*Jules et Jim* by Truffaut. It's one of the classics.

Jenny:	What time does it begin?
Jean-Paul:	At seven. And admission is free.
Jenny:	Fine [Good]. Let's go to the movies tonight.
Jean-Paul:	And the psychology homework?
Jenny:	After the movie, maybe.

B. *Campus*

The students are
{
in the modern language building.
in the language laboratory.
in the university cafeteria.
in the stadium.
at the university.
at the swimming pool.
at the *cité*.
at the bookstore.
at the library.
at the dormitory.
}

We are in
{
a class(room).
a lecture hall.
a reading room.
}

Modern [living] languages

French	Spanish
German	Hebrew
English	Japanese
Arabic	Portuguese
Chinese	Russian

Quatrième Leçon

Conversations

A. *Charles is a little hard of hearing.*

Anne-Marie:	I'm looking for Mr. Bernard.
Charles:	Pardon me, Miss. What are you looking for?
Anne-Marie:	I'm looking for Mr. Bernard! Is he here?
Charles:	Pardon me, who are you looking for?
Anne-Marie:	Mister Bernard! Is he here?
Charles:	Oh, you're looking for Mr. Bernard? He isn't here.

B. *It's too far from here.*

Michel:	Let's go to the movies.
Yves:	But it's pouring out!
Michel:	What, you don't have an umbrella?
Yves:	Yes, but the movie theater is too far from here.

176

C. *After rain comes good weather.*

Michel: Is it still raining?
Yves: No, it's nice out.
Michel: Good. Let's go to the movies.
Yves: Oh, no. It's too late!

Application

A. *It's too cool.*

Jenny: It's nice out this afternoon.
Jean-Paul: Yes, but it's too cool.
Jenny: You think so? Look at these beautiful trees.
Jean-Paul: It looks like winter is beginning.
Jenny: You're funny. Autumn doesn't last very long, but . . .
Jean-Paul: Is it very cold here in winter?
Jenny: Oh, yes, it snows a lot in December and [in] January.
Jean-Paul: Do you like winter sports?
Jenny: Oh, yes, a lot. I ski and [I] skate also. What about [And] you?
Jean-Paul: Every [Each] winter I ski at Mégève.
Jenny: Where is Mégève?
Jean-Paul: It's a ski resort in Haute-Savoie, that is [to say], in the—*achoo*! Excuse me.
Jenny: It's beginning to get cold. Let's go back to the dorm [*cité*].

B. *Weather and seasons*

It's nice weather.⎫
It's bad weather.⎭ I like nice weather.

It's cold.⎫ I hate ⎰the cold.
It's hot. ⎭   ⎱the heat.

It's raining. ⎫ I don't like ⎰rain.
It's snowing.⎭   ⎱snow.

I prefer ⎰spring to autumn.
         ⎱summer to winter.

In summer⎫ it gets ⎰light⎫ ⎰very early.
In winter ⎭   ⎱dark⎭ ⎱very late.

Sports

I do ⎰camping, sailing, tennis, gymnastics, swimming, skiing, water skiing, cycling, folk dancing.

I often play ⎰tennis, hockey, handball, golf, basketball, soccer [football].

I watch a tennis game.

I attend the soccer game.

Our team is ⎰good.⎫ It ⎰always⎫ ⎰wins.
            ⎱bad. ⎭   ⎱often ⎭ ⎱loses.

Cinquième Leçon

Conversations

A. *Appetizers*

Waiter: Hello [sir]. Would you like an appetizer?
Customer: I'm very hungry today. Bring me some oysters.

B. *Meat*

Waiter: Fine [sir]. What meat dish would you like?
Customer: I'm very hungry today. Bring me a steak with a lot of French fries.

C. *Vegetables*

Waiter: Fine [sir]. What kind of vegetables would you like?
Customer: I'm very hungry today. Bring me asparagus.

D. *Drink*

Waiter: Fine [sir]. And what would you like to drink?
Customer: I'm very thirsty today. Bring me some mineral water and red wine.

E. *Bill*

Customer: Waiter, the bill, please.
Waiter: There you are, sir.
Customer: Oh, my! 50 francs 45! Is it possible!

Application

A. *You eat like a bird!*

Jenny: What kind of meat dish [meat] are you going to have [take]?
Jean-Paul: Oh, I don't know . . . roast beef. What about you?
Jenny: Today there's boiled ham.
Jean-Paul: I'll also take a salad, green beans, French fries, and bread. Don't you want any bread?
Jenny: No, I'll just [only] have peas and a fruit salad.
Jean-Paul: Is that all? And for a drink?
Jenny: A glass of skim milk.
Jean-Paul: You eat like a bird!
Jenny: I'm on a diet.
Jean-Paul: There aren't any empty tables.
Jenny: Oh, yes, there's a table, in the back, near the cash register.
Jean-Paul: Quick [Quickly], let's take the table!

B. *Meals*

to { be hungry
     be thirsty
     have a good appetite

to order⎫   ⎧a meal
to finish⎭   ⎥breakfast
             ⎥lunch
             ⎩dinner

to ask⎫   ⎧the waiter⎫
to pay⎭   ⎩the waitress⎭ for the check

Meat and fowl

a steak   roast beef
a sausage   ham
roast pork   chicken
turkey   eggs
a ham (cheese) sandwich

Vegetables

asparagus   rice
carrots   tomato (cucumber) salad
peas   spinach
French fries [two ways]   green beans

Fruits

a banana   a pear
an apple   an orange
cherries   strawberries
grapes   grapefruit

Drinks

beer   orange juice
coffee   tomato juice
milk   chocolate
wine   Coca-Cola
tea   (mineral) water

Sixième Leçon

Application

A. *There's my family.*

Jenny: Your mother is young.
Jean-Paul: She is forty-seven. She works in a laboratory.
Jenny: And what does your father do?
Jean-Paul: He's an engineer. He works at the Peugeot factory.
Jenny: And this pretty girl is [she] your sister?
Jean-Paul: Yes, she's my sister Monique. She is in the Second [Grade] at the lycée.
Jenny: How old is she?
Jean-Paul: Fifteen. She is talkative, a tease, and a real flirt [very flirtatious].

Jenny: Just like me! Do you live in Paris?
Jean-Paul: Not exactly. We live [are] in Neuilly, in the suburbs of Paris.

B.   *The Family*

parents $\begin{cases}\text{father (Dad)}\\ \text{mother (Mom)}\end{cases}$ $\begin{cases}\text{husband}\\ \text{wife}\end{cases}$

children $\begin{cases}\text{son}\\ \text{daughter}\end{cases}$ $\begin{cases}\text{brother}\\ \text{sister}\end{cases}$

relatives $\begin{cases}\text{uncle}\\ \text{aunt}\end{cases}$ $\begin{cases}\text{nephew}\\ \text{niece}\end{cases}$ $\begin{cases}\text{cousin [male]}\\ \text{cousin [female]}\end{cases}$

grandparents $\begin{cases}\text{grandfather}\\ \text{grandmother}\end{cases}$

grandchildren $\begin{cases}\text{grandson}\\ \text{granddaughter}\end{cases}$

to be $\begin{cases}\text{married/divorced}\\ \text{a widower/widow}\\ \text{single}\end{cases}$

Colors

What color are your eyes?
—I have blue (gray, brown, black) eyes.
What color is your hair?
—I have brown (black, blond, light brown, red, gray) hair.

Septième Leçon

Application

A.   *That's the best solution!*

Jenny: Something for her room? A little knickknack?
Jean-Paul: No, she already has too many knickknacks.
Jenny: A transistor radio? A portable television set?
Jean-Paul: Hey, I'm not a millionaire!
Jenny: According to the paper, there is a sale on clothes downtown.
Jean-Paul: What kind of clothes?
Jenny: Gloves, blouses, skirts, sweaters . . .
Jean-Paul: A sweater . . . that's perhaps the best solution.
Jenny: What is Monique's size?
Jean-Paul: Thirty-eight, I think.
Jenny: Thirty-eight! Oh yes, that's the French system. What is the American equivalent?
Jean-Paul: I don't know . . . Monique is a little smaller than you.

B.   *Clothes* (Tableau XI)

1.   a shirt   2.   a jacket

3.	a button	14.	a skirt	
4.	a tie		12+14. a suit	
5.	a handkerchief	15.	stockings (panty hose)	
6.	a pocket	16.	high heels	
7.	trousers, pants	17.	a purse	
	2+7. a suit	18.	a raincoat	
8.	socks	19.	a coat	
9.	shoes	20.	a sweater	
10.	a ribbon	21.	an umbrella	
11.	a blouse [two ways]	22.	a hat	
12.	a jacket	23.	gloves	
13.	a belt			

a $\begin{Bmatrix} \text{cotton} \\ \text{silk} \\ \text{nylon} \\ \text{rayon} \end{Bmatrix}$ skirt

$\begin{Bmatrix} \text{woolen} \\ \text{leather} \\ \text{plastic} \end{Bmatrix}$ gloves

Colors

beige	yellow	red
white	gray	green
blue	black	violet
brown	pink	

invariable words

brownish	a brownish purse, dress
orange	an orange coat, orange skirts

shades

light	a light green skirt
dark	a dark red dress
pale	a pale blue shirt
bright	a bright blue tie

Huitième Leçon

Conversations

B. *There's the car.*

Mireille:	So what's new?
Pierre:	I've just bought a car.
Mireille:	Oh, really? Where's the car?
Pierre:	There it is.

Application

A. *Your car is cute.*

Jean-Paul:	There's my Fiat. How do you like [find] it?
Jenny:	Your car is cute. May [Can] I try it?
Jean-Paul:	Why, sure. Here's the key.
Jenny:	No seat belts?
Jean-Paul:	Sure [Yes], there they are.
Jenny:	Fine, I'll start the engine . . .
Jean-Paul:	Wait, don't forget the parking brake.
Jenny:	It's done, and I go into first gear.
Jean-Paul:	Ouch, easy [gently]!
Jenny:	Do you know your turn signal doesn't work?
Jean-Paul:	Yes, there a few odds and ends to get fixed.
Jenny:	Your car runs [drives] well.
Jean-Paul:	Watch out! You're going to run a red light!

B. *The Car* (Tableau XIII)

1. the hood
2. the turn signal
3. the trunk
4. the windshield wiper
5. the taillight
6. the headlights
7. the tire

8. the door
9. the rearview mirror
10. the wheel
11. the seat (the front seat, the back seat)
12. the steering wheel
13. the gas tank

The bicycle (Tableau XIII)

1. the brake
2. the chain
3. the fender
4. the handle
5. the headlight (lamp)
6. the pedal

7. the tire
8. the luggage carrier
9. the reflector
10. the wheel (the front wheel, the back wheel)
11. the saddle

Other expressions

to start { the motor / the car

to drive
to stop
to park
to have fixed
to rent
{ the car / the truck / the van / the (large) truck }

to change gears
to have a (an engine) breakdown
to have a flat tire
to go { by car / by bike }
to do cycling

Neuvième Leçon

Conversations[1]

A. *This is [I introduce to you] Jacqueline* (formal introduction).

---

[1] Beginning with this lesson, *Monsieur, Mademoiselle,* and *Madame* will no longer be translated unless necessary. Generally speaking, these words are obligatory in French, especially when you speak to persons much older than yourself or to strangers, as a sign of respect.

Professor:	Hello, Charles.
Charles:	Hello. May I [Allow me to] introduce Jacqueline Dupré [to you].
Professor:	Very happy to know you.
Jacqueline:	Delighted to meet you [make your acquaintance].

B. *This is Philippe* (among very good friends).

François:	Hello, Sophie. This is my good friend [pal] Philippe Gassier.
Philippe:	Hello. How are you?
Sophie:	Fine, thank you. François has often talked [to me] about you.

Application

A. *This is Jean-Paul [I introduce Jean-Paul to you].*

Jenny:	Dad, this is Jean-Paul
Jean-Paul:	Very happy [delighted] to meet you [make your acquaintance].
Mr. Wilson:	Very happy to meet [know] you, Jean-Paul. Jenny has often spoken to me about you.
Jenny:	Where's Mom?
Mr. Wilson:	She went to get Aunt Alice. By the way, I heard on the radio that there was a snow storm in Toledo.
Jean-Paul:	Yes, but the trip wasn't too bad [painful].
Jenny:	Dad speaks good French [speaks French well], doesn't he, Jean-Paul?
Jean-Paul:	Indeed. Your French is impeccable. Where did you learn to speak so well?
Mr. Wilson:	At the university, a long time ago.
Jean-Paul:	You really have a good memory.
Jenny:	Besides, we spend every summer in a small village near Lake Champlain.
Mr. Wilson:	Yes, and almost everyone speaks French in the village.
Jean-Paul:	I noticed that you aren't very far from Montreal.
Jenny:	It's four hours by car from here. Say, Dad, let's go to Montreal Friday!

B. *Introductions*

May I [Allow me to] introduce
I introduce
} Jean-Paul Chabrier [to you].

(I'm) delighted to meet you [make your acquaintance].
Glad to meet you.
(I'm) very happy to meet [know] you.

The House

The house has {
a (red, blue-gray) roof.
an attic.
an upper floor.
a ground floor.
a basement.

The room: {
a living room (a sitting room)
a kitchen
a dining room
a bathroom

The room: (cont'd) {
an office (a study)
bedrooms [two ways]
a guest room

There is $\begin{cases} \text{a garage.} \\ \text{a lawn.} \\ \text{a garden.} \end{cases}$

The bedroom is $\begin{cases} \text{at the end} \\ \text{at the back} \\ \text{to the left} \\ \text{to the right} \\ \text{above} \\ \text{below} \end{cases}$ $\begin{cases} \text{of the stairway.} \\ \text{of the hall.} \end{cases}$ $\Big\}$ the living room.

This bedroom faces $\begin{cases} \text{the courtyard.} \\ \text{the street.} \\ \text{the parking lot.} \end{cases}$

The apartment is $\begin{cases} \text{in a modern [apartment] building.} \\ \text{on the fourth floor.} \end{cases}$

Dixième Leçon

Application

A. *There's been an accident.*

Jenny: What is it? They're signaling us to slow down.
Jean-Paul: There's been an accident, it seems [one would say].
Jenny: And look at the car in the ditch.
Jean-Paul: Oh, boy! It's a real junk pile.
Jenny: Say, it's the car that passed us a half hour ago.
Jean-Paul: Yes, it must have skidded on the curve.
Jenny: It was going much too fast when it passed us.
Jean-Paul: Look at that truck. It must have collided with the car.
Jenny: I hope the driver wasn't [hasn't been] killed.
Jean-Paul: So do I. There, they're signaling us to go on.

B. *The bad driver and the policeman*

The bad driver $\begin{cases} \text{doesn't keep [two ways] to the right.} \\ \text{doesn't pay attention (to others).} \\ \text{doesn't use [light] his turn signal.} \\ \text{turns to the right and to the left.} \\ \text{honks constantly.} \\ \text{passes a car on the curve.} \\ \text{runs a red light.} \\ \text{goes the wrong way on [takes] a one-way street [two ways].} \\ \text{does (goes) 150 km an hour.} \\ \text{demolishes the wall of a house.} \\ \text{runs over (hurts, kills) a pedestrian.} \\ \text{is arrested by the police.} \\ \text{pays a (heavy) fine.} \end{cases}$

The policeman $\begin{cases} \text{observes a breach of the law.} \\ \text{signals the driver to stop (to slow down).} \\ \text{gives a ticket to the driver (for speeding, parking illegally).} \end{cases}$

Onzième Leçon

Conversations

A. *I have a headache.*

Professor:	How are you?
Daniel:	Not very well.
Professor:	Why, what's the matter?
Daniel:	I have a headache.

B. *I'm brushing my hair.*

Jean-Paul:	Well, are you coming?
Monique:	Right away.
Jean-Paul:	Hurry up!
Monique:	Give me a minute [the time] to brush my hair.

C. *Hold on!*

Jacques:	Hello, is that you, Monique?
Mrs. Chabrier:	No, this is Mrs. Chabrier. Who is speaking, please?
Jacques:	I'm sorry. This is Jacques Lépine.
Mrs. Chabrier:	Hold on, I'll go get Monique.

Application

A. *I have the flu!*

Jean-Paul:	Hello . . . is that you, Jenny? This is Jean-Paul.
Jenny:	Hi, Jean-Paul. You didn't come for me this morning.
Jean-Paul:	I'm sorry, Jenny, but I went to see a doctor.
Jenny:	Why, what's the matter? You were all right the day before yesterday.
Jean-Paul:	I got up this morning with a terrible headache. I had a fever.
Jenny:	Poor Jean-Paul! It sounds like you have the flu!
Jean-Paul:	That's right, they gave me a prescription.
Jenny:	I hope it isn't serious.
Jean-Paul:	No, but the doctor told me to rest for the whole weekend.
Jenny:	The whole weekend! Poor Jean-Paul! Do you need anything?
Jean-Paul:	No thanks. I'm going back to bed right away.

B. *The Telephone*

$\left.\begin{array}{l} \text{to phone} \\ \text{to call back} \end{array}\right\}$ someone

$\left.\begin{array}{l} \text{to pick up} \\ \text{to hang up} \end{array}\right\}$ the receiver

The line is busy.
There's no answer.
I have the wrong number.
They cut us off (put us back on).

To consult
To look for the number in } the phone book

Hello!
Who is this speaking, please?
This Jean-Paul (Jean-Paul speaking).
Hold on, please.

Health

to be } sick: { to be fine, better
to get } { to feel bad, worse

to be wounded { in the knee } { in the foot } : to apply a dressing [bandage]

to break { one's arm } { one's leg } : to have { one's arm in a sling } { one's leg in a cast }

to have { a headache, a backache, a toothache, a sore throat, a chest pain, a stomachache

to have { a temperature, a fever, a cold, laryngitis, the flu

to take { medicine [medication] } { a tablet (of aspirine) } { a pill } { a spoonful (of syrup) } { before (after) each meal } { four times a day } { every two hours }

Douzième Leçon

Conversations

C. *On the road*

Michel: What's the matter? I haven't done anything.
Policeman: Yes, you were going over the speed limit.
Michel: I was going only 70 [km an hour].
Policeman: I know [well]. The speed limit is 40 [km an hour] here.

Application

A. *Let's go to Paris!*

Jenny: What is that?
Jean-Paul: Look at this ad. The travel club is organizing eight flights to [for] Europe.
Jenny: Hmm . . . three hundred dollars, round trip, from New York to Paris. That's really not expensive.

186

Jean-Paul:	It's a steal. I'm going to go back to France during the vacation.
Jenny:	How lucky you are!
Jean-Paul:	Do you want to come with me? You can [will be able to] stay at my parents' home.
Jenny:	I don't know . . . I'll [I'm going to] ask my father.
Jean-Paul:	It will be nice [pleasant] to celebrate the end of exams in Paris.
Jenny:	And I'll meet your family.
Jean-Paul:	Yes, and we'll go up to the top of the Eiffel Tower, we'll visit the Louvre, the Latin Quarter, Montmartre, the Île de la Cité . . . there are so many things to see!

B. *Countries, capitals, inhabitants* (Tableau XVII)

1. France, Paris, French
2. East Germany, Berlin, Germans
3. West Germany, Bonn, Germans
4. England (Great Britain), London, English
5. Austria, Vienna, Austrians
6. Belgium, Brussels, Belgians
7. Spain, Madrid, Spanish

8. Ireland, Dublin, Irish
9. Italy, Rome, Italians
10. Switzerland, Bern, Swiss
11. Denmark, Copenhagen, Danish
12. Luxembourg, Luxemburgers, Luxembourg
13. Holland, The Hague, Dutch
14. Portugal, Lisbon, Portuguese

Means of Transportation

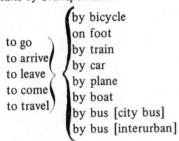

to go
to arrive
to leave
to come
to travel

by bicycle
on foot
by train
by car
by plane
by boat
by bus [city bus]
by bus [interurban]

to hitchhike

Treizième Leçon

Conversations

A. *Mr. Dubois has invited [invites] us.*

Jenny:	Listen, are you free Thursday evening?
Jean-Paul:	Yes, but why?
Jenny:	Mr. Dubois has invited [invites] us for dinner.
Jean-Paul:	Oh, really? It's nice of him to invite me.

B. *Will you [do you] accept or will you decline?*

1. Mrs. Dubois offers you some cake. You accept.
   Mrs. Dubois: Would you like some?
   You: Yes, please. Hmm . . . your cake is delicious.
2. Mrs. Dublis offers you champagne.
   Mrs. Dubois: A little champagne?
   You: No thank you. I don't drink alcohol. (*or else:* Thank you. Just a drop, please.)

187

3. Mrs. Dubois serves you a dessert.
    Mrs. Dubois: Would you like some more?
    You: Yes, thank you [I'd like some]. Just a little bit, please. (*or else:* Thank you very
                much. I'm full [I've eaten well]. Everything was delicious.)

Application

A. *At the Dubois'*

    Jenny: Good evening.
    Mr. Dubois: Good evening, Jenny. Good evening, Jean-Paul. Do come in. This way.
    Jenny: We are sorry to arrive late. Are we the last ones?
    Mr. Dubois: Yes, but it doesn't matter. Leave your coats in the first room to the right.
    Jenny: Yes, thank you.
    Mr. Dubois: This is my wife. Sylvie, this is [here are] Jenny and Jean-Paul.
    Mrs. Dubois: I'm happy to meet you.
    Jean-Paul: Delighted, ma'am. It's nice of you to invite [to have invited] me.
    Mrs. Dubois: I'm delighted [It gives me pleasure] to meet you. Do come [pass] to the living room.
    Jenny: Good evening, everyone. May I sit near the fireplace?
    Mrs. Dubois: Of course. I'll give [I pass] you the cushions.

B. *Party*

    The guests

    There are $\begin{Bmatrix} \text{a lot of} \\ \text{too many} \end{Bmatrix}$ people.

    $\begin{rcases} \text{The hostess} \\ \text{The host} \end{rcases}$ is at the door.

    One $\begin{cases} \text{rolls up the rug.} \\ \text{pushes the chairs into a corner.} \\ \text{drinks, eats, sings, and dances.} \\ \text{takes off one's jacket and [one's] tie.} \end{cases}$

Conversation

to meet [to make the acquaintance of] someone

$\begin{rcases} \text{to meet [by chance]} \\ \text{to recognize} \end{rcases}$ someone

to break the silence (the ice)

to look (desperately) for conversation topics
to attract someone's attention

to find someone $\begin{cases} \text{charming} \\ \text{talkative} \end{cases}$

to discuss a social problem $\begin{cases} \text{seriously} \\ \text{animatedly} \end{cases}$

The buffet and refreshments
- canapés
- cookies
- petits fours [bite-size cakes]
- snacks [tidbits]

- punch
- a punch bowl
- glasses

Quatorzième Leçon

Conversations

A. *Thief!*

Miss La Roche:	Sir, someone stole my suitcase in the airport!
Policeman:	Did you see the person who stole it?
Miss La Roche:	Yes, he was taller and bigger [stronger] than you, but not as good-looking.
Policeman:	I'll help you right away, Miss.

B. *What's the matter?*

Customs Officer:	Do you [don't you] have anything to declare?
Traveler:	No.
Customs Officer:	Will you open this suitcase, please.
Traveler:	Of course. Oh, my!
Customs Officer:	What's the matter?
Traveler:	I've lost my key!

Application

A. *We're flying over Paris!*

Jenny:	What do we do [is one going to do] when we get off the plane?
Jean-Paul:	First we will go to the Arrival Room. They check passports there.
Jenny:	And then?
Jean-Paul:	Then we will go get our baggage, which will arrive on a conveyer belt.
Jenny:	And we['ll] go through customs?
Jean-Paul:	That's right. I hope it won't take too long.
Jenny:	So do I. What time is it?
Jean-Paul:	By my watch it's seven. It's two in the morning in New York, can you imagine [do you realize]?
Jenny:	Yes, I know there's a difference of five hours between Paris and New York.
Jean-Paul:	Listen, the stewardess is announcing that we're flying over Paris!
Jenny:	Here we are, at last. Did you fasten your seat belt?

B. *At the airport*

to choose }
to take } an airline [two ways]

to hold (reserve) }
to have } a seat

to confirm ⎱ ⎰one's reservations
to cancel ⎰ ⎱one's departure

to miss ⎰the plane
⎱the departure

to buy [take] ⎱ ⎰the ticket
to receive ⎰ ⎱the boarding pass (which indicates the seat on the plane)

to check [leave] the baggage at the counter
to pay extra [for excess weight]

The plane

the pilot
a (an airline) stewardess ⎱ ⎰to board (embark)
the passengers (travelers) ⎰ ⎱to get off, deplane (disembark)

in the plane: ⎰a seat
⎱a seat belt
a window
a pressurized cabin

The flight

the plane: ⎰to take off (from the airport)
to fly over a river (the ocean, land)
to land (at the airport)

The trip is ⎰pleasant.
monotonous.
unpleasant.

to be airsick
to encounter an air pocket

Quinzième Leçon

Application

A. *What a nice room!*

Jenny: What a nice room you have, Monique.
Monique: You think so? I spent all [the whole] afternoon cleaning it.
Jenny: I hope I won't bother you too much.
Monique: Oh, no, I'm sure we'll get along very well.
Jenny: I'd like to empty my suitcases.
Monique: [A] Good idea! Put them on my bed.
Jenny: Oh, my! All my clothes [dresses] are wrinkled!
Monique: You can [will be able to] iron them tomorrow. Give them to me.
Jenny: Is there room in your wardrobe?
Monique: Sure, with your clothes, for once I'll have my [a] wardrobe completely filled!

190

Jenny: Whew, I'm exhausted, The trip was pleasant, but rather tiring, just the same.
Monique: Sit down on your bed and rest a little.

B.   *The house*

   The living room (Tableau XVIII)

   1.   a sofa [two ways]
   2.   a chair
   3.   a bookcase (a library)
   4.   an armchair
   5.   a lamp
   6.   a coffee table
   7.   a round table
   8.   a picture (a painting)
   9.   a TV set
   10.   a fireplace

   The kitchen (American-style) (Tableau XIX)

   1.   a pot
   2.   an electric range
         (the gas range)
   3.   a sink
   4.   an iron
   5.   an oven
   6.   a dishwasher
   7.   a cabinet
   8.   a pan
   9.   a radio [set]
   10.   a refrigerator [two ways]
   11.   a faucet

   The (bed)room (Tableau XX)

   1.   a wardrobe
   2.   knickknacks
   3.   a dressing table
         (with a mirror)
   4.   a dresser
   5.   records
   6.   a phonograph
   7.   a (French) window
   8.   a bed
         a blanket
         a sheet
         a pillow
   9.   an alarm clock [two ways]
   10.   a curtain
   11.   a nightstand

   The bathroom (Tableau XXI)

   1.   a bathtub
   2.   a shower
   3.   a mirror
   4.   a bathroom sink
   5.   a (hot water, cold water) faucet
   6.   soap
   7.   bath towel

Seizième Leçon

Conversations

A.   *It's the Louvre!*

   Robert: What is that huge building?
   Michel: What, you don't recognize it?
   Robert: Why, no. What is it?
   Michel: It's the Louvre [my] pal.

B.   *From the top of a tower*

Pierre: Ah! What a splendid panorama!
Brigitte: Look down below, the cars are so small!
Pierre: Oh, no. I feel dizzy!
Brigitte: Oh, Oh! Someone stole your car!

C.   *What a beautiful building!*

Alain: Ah! What a beautiful building!
Yvette: What beautiful building? What building are you talking about?
Alain: [About] That building on the left.
Yvette: You find it beautiful? It's ugly, I think [in my opinion].

Application

A.   *What a magnificent panorama!*

Monique: Look down below. You can see [one sees] the curve of the Palais de Chaillot's wings very well.
Jenny: What a magnificent panorama! You can see all of Paris!
Monique: Do you recognize a lot of monuments?
Jenny: I see the Sacré-Cœur, the Opéra, the Louvre, Notre-Dame, the hôtel des Invalides . . .
Monique: That's where [It is there that] Napoleon's tomb is.
Jenny: And what is that modern building?
Monique: It's the palais de l'UNESCO. Paris is the seat of UNESCO's Secretariat.
Jenny: And that round and gigantic building?
Monique: It's the palais de la Radio.
Jenny: And that skyscraper over there?
Monique: It's the Tour Montparnasse; it's just across from the Montparnasse station.
Jenny: Brr! I'm beginning to get cold.
Monique: So am I. If you've finished taking pictures, we can go down to the second level and have a cup of hot chocolate.

B.   *The city* (see also Lesson 20)

To check [consult] { a guidebook
                    { a map of the city

to visit { a monument
         { a tower
         { a church (a cathedral)
         { a park, a museum

to see a skyscraper { over there
                    { down below
                    { on the horizon

to go up in   }
to go down in } the elevator
to take   }

192

to go up to the top } {of a building
to see the city from the top } {of a tower

to have a { splendid, magnificent, extraordinary } { view, panorama } of a city

the monument (building): { to dominate the entire, (not) to blend into the, (not) to be in harmony with the } landscape

The monument (building) is { beautiful, extraordinary. ugly, grotesque, picturesque. modern, ultramodern. old, dilapidated, historical. }

The monument (building) will be { constructed. razed. }

Dix-septième Leçon

Conversations

A. *In a fashion shop*

Saleslady: May I help you [would you like something]?
Customer: I'm looking for a pale blue dress.
Saleslady: Here's a very stylish dress. It's very pretty and it will look good on you [become you].
Customer: That's true, indeed. I'm going to try it on.

Customer: This dress is perfect. How much does it cost?
Saleslady: Five hundred francs.
Customer: Five hundred francs! That's too much [expensive]! I don't want it. I don't like it!

B. *In a pharmacy*

Foreigner: Hello. I'm looking for a roll of film for my camera.
Pharmacist: I'm sorry, but we don't sell film here.
Foreigner: Where do I have to go, then?
Pharmacist: Go to the camera store. There's one not far [two steps] from here.
Foreigner: Thank you.
Pharmacist: You're welcome.

Application

A. *I need several things.*

Jenny: I have to cash a traveler's check. Is there a bank near here?
Mrs. Chabrier: Oh, yes, there are two [of them] five minutes from our house.
Jenny: And I need several things: stationery, batteries for my camera, beauty products . . . Where do I have to go to buy them?

Mrs. Chabrier:	You have to go to several different stores. If you like [want], you can go to the department stores.
Jenny:	And where are the department stores?
Mrs. Chabrier:	Well, since you need to cash your check, you can go to the Opéra.
Jenny:	[To] The Opéra?
Mrs. Chabrier:	Yes, there are several department stores near the Opéra—[the] Galeries Lafayette, [the] Printemps, and the American Express office.
Jenny:	I've only got three hours to do my errands. Jean-Paul will be back [is going to get home] at noon.
Mrs. Chabrier:	You have a lot of time, Jenny. I'm leaving in ten minutes, and I'll go with you as far as the Concorde.

B. *In a department store*

The customer [both genders] sees an ad [two words] and goes $\begin{cases} \text{on errands.} \\ \text{shopping.} \end{cases}$

to go to the $\begin{cases} \text{shirt, shoe, hat, toy} \\ \text{camping} \\ \text{gardening} \\ \text{household goods} \end{cases}$ equipment $\Big\}$ department

to buy $\begin{cases} \text{on credit (to use the credit card)} \\ \text{with cash (to pay cash)} \end{cases}$

The dress $\begin{cases} \text{fits [becomes]} \\ \text{does not fit} \end{cases}$ the customer.

The merchandise is $\begin{cases} \text{inexpensive (more inexpensive).} \\ \text{of good (better, bad) quality.} \end{cases}$

The price is $\begin{cases} \text{too high.} \\ \text{reasonable.} \\ \text{attractive (interesting, competitive).} \end{cases}$

to bring back
to exchange $\Big\}$ a dress that has a defect
to get reimbursed for

Dix-huitième Leçon

Conversations

A. *Another paper!*

André:	Do you want to go out tonight?
Michèle:	I'm sorry, but I have a paper to write.
André:	What, [yet] another paper!
Michèle:	Oh, yes, I'm really sick and tired of it.
André:	It seems that your professor is very demanding.
Michèle:	Frankly, I never should have taken his course.

B. *What would you do?*

Marie-Louise: What would you do if you didn't have your book?
Olivier: Oh, I don't know. I'd buy myself another one. But why?
Marie-Louise: I lost your book.

Application

A. *They don't take exams?*

Jenny: I noticed that Monique spends eight hours a day at the lycée. That's a lot.
Jean-Paul: Yes, they certainly work more in the lycée than in the American high school.
Jenny: Is the level of university education higher in France than in the States?
Jean-Paul: Not necessarily, but French students are better prepared than American students.
Jenny: And they are less supervised and more independent.
Jean-Paul: Yes, there are many [of them] who don't even attend classes.
Jenny: Really? They don't take exams?
Jean-Paul: Oh, yes. The exams are very hard, but we take fewer of them than in the States.
Jenny: What would happen if everyone attended classes?
Jean-Paul: There wouldn't be enough room in the lecture halls!

B. *Studies* (see also Lesson 2)

to pay
- registration and tuition fees
- library fees
- laboratory fees

the professor:
- to teach chemistry
- to teach a chemistry course
- to do research
- to direct a student's research
- to direct a thesis

the student:
- to register for
  - the course
  - the lab work
- to take
- to attend } a course
- to miss (to cut)
- to major in sociology

the student:
- to work hard
- to make (a lot of) progress
- to put in ten hours working

the student:
- to take [two ways]
- to pass [two ways]
- to fail
} {
- an oral
- a written } exam
- a final

Conversations

A.   *A famous café*

American:	Well, there's the Café de la Paix.
French woman:	Yes?
American:	My French teacher has talked [to me] a lot about that café.
French woman:	Would you like to have a cup of coffee there?
American:	I'd like to. Let's get a table on the sidewalk.

B.   *You pay compliments.*[1]

1. | You: | What a beautiful room you have. |
   |---|---|
   | Monique: | Do you think so? I've just straightened it up [put away my things]. |
2. | You: | Your wine is marvelous. |
   | Mr. Vernin: | This wine is not bad. |
3. | You: | What a beautiful apartment, and what beautiful paintings! |
   | Mr. Vernin: | We like nice [pretty] things a lot. |
4. | You: | You really are a wonderful cook. |
   | Mrs. Vernin: | Oh, what a compliment. I'm flattered! |
5. | You: | Your outfit is so [very] elegant. |
   | Monique: | Do you think so? It didn't cost me very much [I didn't pay a lot for it]. |
6. | Someone: | You have beautiful dark eyes. |
   | You: | (You don't say anything. You just smile.) |

Application

A.   *Would you like to taste this?*

Jenny:	How nice it is to sit down after such a long walk!
Jean-Paul:	Would you like to taste this?
Jenny:	It's refreshing, and what a pretty color! What is it?
Jean-Paul:	It's Perrier-Menthe, a mixture of mineral water and mint syrup.
Jenny:	We found a good table. It's fun to watch the passersby.
Jean-Paul:	That's true. You see [One sees] all kinds of people parading on this boulevard.
Jenny:	I noticed that the social life of students is especially active in the restaurants, cafés, and the "caves."
Jean-Paul:	That's because you [one] can meet friends there. You spend hours reading and discussing anything—politics, literature, sports, movies . . .
Jenny:	But you need a lot of money to stay so long in a café!
Jean-Paul:	On the contrary, it's possible to sit with [remain in front of] the same drink from morning to [until] evening.

---

[1] The main point of these dialogues is that one never says *Merci* or *Merci beaucoup* when one is complimented. Note the different ways of responding to various compliments.

B. *Typical drinks in cafés*[1]

Cafés must post outside and inside the price of all drinks. If the service charge is not included, the service charge rate (12%, 15%) must be indicated.

Coffee and Tea

black coffee [two ways]
coffee with cream or milk
coffee with hot milk [two ways]

espresso coffee [three ways]
tea with milk
tea with lemon

Before-dinner drinks[2]

Cinzano
Martini
Dubonnet

Pernod
a small glass of white wine

After-dinner drinks[3]

Cointreau
Grand Marnier
cognac

Chartreuse
crème de menthe

Cold drinks

beer (light or dark)
unflavored soda pop[4]
lemonade
lemon-flavored soda pop

fruit juice
orange-flavored soda pop
mineral water (Perrier, Vichy, Évian, Vittel)[5]

Vingtième Leçon

Application

A. *In search of things past [time lost]*

Jenny: I really like Montmartre with its old houses and its narrow streets.
Jean-Paul: Yes, it's good to be able to [that one can] find the charm of a village of the past.
Jenny: And what a contrast between Montmartre and the Défense and Maine-Montparnasse!
Jean-Paul: What, you weren't impressed by our ultramodern areas of the city?
Jenny: Yes, but modern architecture is the same in any big city. I'm in search of things past.
Jean-Paul: It's true that in certain cities they've destroyed colorful areas in order to build parking lots.
Jenny: I've heard that there are still villages with buildings dating [that date] back to the Middle Ages.

---

[1] All the nouns are preceded by *un* or *une* rather than by a partitive article because *an order of* is implied.
[2] Items beginning with a capital letter are well-known brands of sweet wine.
[3] Items beginning with a capital letter are well-known brands of liqueur.
[4] The meaning varies: *unflavored soda pop, cream soda,* or a drink like 7-Up and Sprite.
[5] *Perrier* is much like club soda. *Vichy* is slightly «gazeuse»; the other two are not «gazeuse» and are often drunk with meals.

Jean-Paul: Yes, you've got to visit some of them; they're so charming.
Jenny: Doesn't the government encourage the preservation of your cultural heritage?
Jean-Paul: Why, yes, in many cities we're trying to protect and restore historic areas.

B.   *The city* (see also Lesson 16)

   To ask one's way

   Excuse me, sir. Where is place Maubert (rue des Moines), please? —You're at place Maubert.

   to take
   to follow } a street, an avenue, a boulevard

   to take the second street } { to the left
   to turn   { to the right

   to go
   to go on } straight ahead

   to cross a bridge (a square)

   to come to } a square; the square is { near (far from) here.
   to get to   { this (that) way.

   The museum is { on this street.
                 { on [two ways] this avenue.
                 { on this boulevard.

   Offices and buildings

   the city hall (the town hall)

   the post office [two ways]

   the police station

   a youth hostel, a cathedral, a movie theater, a church, a railroad station, a hospital, a hotel, a
      monument, a museum, a tourist information office

Vingt et unième Leçon

Conversations

A.   *Where is the subway station?*

   Martine: Excuse me. Is there a subway station near here?
   Passerby: Take the second street to the right. You'll find the entrance in front of a drugstore.
   Martine: Thank you.
   Passerby: You're welcome.

B.   *Where did they go?*

   Monique: Mom, do you want me to go get Jean-Paul and Jenny?
   Mrs. Chabrier: Don't bother [It's not worth the trouble]. They haven't come home yet.
   Monique: But he told me they would be back before five.
   Mrs. Chabrier: That's possible, but I doubt they can get home before six.

C.   *You get off at the next station.*

You: Excuse me, please. Excuse me, ma'am. Excuse me, sir. Let me by, please.
A Passenger: Ouch! You stepped on my foot!
You: I'm sorry. I didn't do it intentionally. Excuse me, ma'am. Excuse me, sir . . .

Application

A.   *What traffic!*

Jenny: What a view! This is the most majestic square I've ever seen!
Jean-Paul: You're right, but I want you to note this traffic, too.
Jenny: I didn't think traffic in Paris could be so dreadful.
Jean-Paul: More than 150,000 cars pass through [on] this square each day.
Jenny: The poor Parisians! It must not be pleasant to live in this noise, these exhaust fumes, these traffic jams . . .
Jean-Paul: Yet, we have wide boulevards and, in addition, the *voie express* and the *périphérique*. But all that is no longer enough.
Jenny: I'm perfectly [very] happy to take the subway.
Jean-Paul: It's certainly the most efficient public transportation system . . .
Jenny: And the fastest. By the way, is it time to go home?
Jean-Paul: I think so. They're waiting for us at home.

B.   *A subway station*

   Before getting on the train

   to take { the stairs / the escalator

   to buy { a first-class / a second-class } { ticket / book of tickets } at the window

   to go through the (automatic) gate

   to arrive on the platform

   to consult / to look at } a map [two ways] of the subway

   In the train

   to go { first / second } class

   to take { the direction / the line } going to Pont de Neuilly

   to come to the transfer station

   to make a transfer / to change (lines) } at Étoile

A bus stop

$$\left.\begin{array}{l}\text{to look for}\\\text{to take}\end{array}\right\} \text{line 25}$$

$$\left.\begin{array}{l}\text{to give}\\\text{to present}\end{array}\right\} \left\{\begin{array}{l}\text{a ticket for each section passed through}\\\text{three tickets for the trip}\end{array}\right.$$

$$\text{The bus is} \left\{\begin{array}{l}\text{(half) empty.}\\\text{crowded.}\\\text{full (there are no more seats).}\end{array}\right.$$

Vingt-deuxième Leçon

Conversations

A. *An unexpected dinner*

Anne-Marie: Hello.
Mrs. Vernin: Well, hello, Anne-Marie. I was just going to call [phone] you. Can you [Will you be able to] come to our house for dinner tomorrow evening?
Anne-Marie: Oh, yes. It's very nice of you to invite me [I accept your invitation with pleasure].
Mrs. Vernin: I'm glad you can come.

B. *The perfect gift*

Mrs. Vernin: Look what I bought for my husband's birthday.
Anne-Marie: What a beautiful lithograph! Where did you find it?
Mrs. Vernin: In an art gallery in the rue Saint-Denis.
Anne-Marie: I hear Mr. Vernin. Hide it before he comes.

Application

A. *I didn't think the Louvre was so huge.*

Jenny: It's really impressive. I didn't think the Louvre was so huge.
Jean-Paul: The museum takes up only a part of the building, although it's one of the largest museums in the world.
Jenny: It would take a whole month to visit it in its entirety.
Jean-Paul: Yes, there are more than 200,000 artworks from every country and every period.
Jenny: I'm sorry we can't spend more than two days in it [there].
Jean-Paul: We can see it now . . . unless you're too tired.
Jenny: Why not? I'd like to see some of the masterpieces I've seen the reproductions of [whose reproductions I've seen].
Jean-Paul: *Mona Lisa,* the *Venus of Milo,* the *Winged Victory of Samothrace* . . .
Jenny: Exactly. Let's get tickets.
Jean-Paul: O.K., and I'm going to buy the Louvre guide so Monique can plan [organize] your visit well.

B. *In the art museum*

$$\left.\begin{array}{l}\text{to go to}\\\text{to see}\end{array}\right\} \text{an [art] exhibit}$$

200

to leave
{ one's raincoat
  one's umbrella
  one's cameras } at the cloakroom

The artist { draws
             sketches } { a classic, modern
                          an abstract
                          an impressionist } { nude.
                                               still life.
                                               landscape.
                                               seascape.
                                               portrait.

The painter does { a picture.
                   a (an oil) painting.
                   a watercolor.
                   a fresco.
                   an engraving.

The sculpter does { a statue, a statuette.
                    a bust.
                    a bas-relief.
                    a sculpture.

to buy { an original work
         a copy
         a (photographic) reproduction
         an artwork
         a masterpiece

Vingt-troisième Leçon

Application

A. *I'm famished!*

Waiter: Hello. A table for two? Here [it is].
Jean-Paul: Are you going to have an apéritif?
Jenny: No thanks. My goodness, how complicated this menu is!
Jean-Paul: Would you like to have the regular dinner? You get [One is entitled to] four courses, and there's a good selection today.
Jenny: 20 francs 50, service charge included. That's pretty good. But I think I'm going to try [the] snails.
Jean-Paul: Good for you! Would you also like to try [the] frog legs?
Jenny: No, not that!
Waiter: Fine, snails for the young lady. And the entree?
Jenny: Er . . . veal chop.
Waiter: What kind of vegetables would you like?
Jenny: Asparagus.
Waiter: All right [Very well]. And what would you like to drink?
Jenny: Choose something for me, Jean-Paul.
Jean-Paul: O.K. Bring us two carafes of red wine and a quarter liter of Vittel.
Waiter: And [for] you, sir.

Jean-Paul: I'll take the marinated heart of palm trees, the steak with French fries, and the mush-rooms with cream sauce.

Jenny: I'm not ready yet to choose the cheese and the dessert.

Jean-Paul: It doesn't matter, you can [will be able to] order them later.

B. *The menu*[1]

Cover Charge: 50 centimes
12% Service Charge Not Included

HORS-D'ŒUVRE

Garnished[2] herring [filet]
Canned sardines
Hard-boiled eggs with mayonnaise
Salami served with butter
Liver pâté
Country-style [liver] pâté
Nice-style salad[3]
Tomato salad
Burgundy-style snails[4]

SOUPS

Consommé [clear soup] with thin noodles [vermicelli]
Chilled consommé in a cup
Onion soup with croutons and cheese

EGGS

Fried eggs
Scrambled eggs with fowl liver
Cheese omelette
Ham omelette

MEAT

Garnished ham   Steak with French fries
Roast chicken   Garnished roast pork
Garnished roast veal   Garnished Chateaubriand [filet of beef]

TODAY'S SPECIALS

Veal chops with mushrooms
Scallops "gratinéed" with garlic, herbs, and wine

---

[1] See also the *Expressions utiles* of Lesson 5. Cooking represents one of the most salient aspects of any culture. Food items are next to impossible to translate, and the English equivalents given here are only approximate.
[2] *Garni* here means that the food is garnished with parsley, a slice of tomato, and so on; meat is garnished with a veg-etable.
[3] Vegetable salad (lettuce, tomatoes, sliced onions, sometimes cooked green beans) with black olives, anchovies, and sometimes hard-boiled eggs.
[4] Snails baked with butter, garlic, and parsley.

Provençal-style frog legs[1]

VEGETABLES

French fried potatoes
Potatoes au gratin[2]
Mashed potatoes
Fresh salad
Provençal-style mushrooms
Buttered green beans
Buttered fresh asparagus
Spinach
Heart of artichoke with mushroom and veal gravy

CHEESES

Yogurt	Port-salut [mild, soft cheese]
Camembert [soft Normandy cheese]	Pont-l'évêque [mild, firm cheese]
Roquefort [blue cheese from ewe's milk]	Gervais [very soft spread]
Gruyère [Swiss cheese]	Hollande [Edam cheese]
Goat cheese	Petit Suisse [cream cheese]

FRUITS AND DESSERTS

Banana	Apple
Orange	Pear
Fruit preserves	Cookies
Chestnut puree	Custard with caramel sauce
Ice cream parfait	Ice cream
Homemade pastry	Peach heated in Kirsch and topped with ice cream

SEE THE OTHER SIDE FOR OUR WINE LIST

[We are] not responsible for lost[3] or soiled clothes.

Vingt-quatrième Leçon

Conversations

A. *An invitation*

Robert:	Do you want to go to the movies?
Gisèle:	Which one?
Robert:	Cluny is showing [giving] a good Swedish film.
Gisèle:	That's right, Anne told me about it yesterday. She was really carried away by the film.
Robert:	Do you want to see it tonight?
Gisèle:	I'd like to.

---

[1] Provençal-style cooking is usually done with olive oil, garlic, tomatoes, and a lot of herbs and spices.
[2] *Baked with breadcrumbs and grated cheese*
[3] *Échangé* here means *taken by mistake by someone, switched.*

B.   *Another invitation*

Mrs. Vernin: By the way, will you be free Thursday evening?

Anne-Marie: Thursday evening? Oh yes, as a matter of fact.

Mrs. Vernin: Fine. My husband got hold of [obtained] three orchestra seat tickets for the performance of *Tartuffe* at the Comédie Française. Would you be able to attend it with us?

Anne-Marie: That's very nice of you [I accept with great pleasure].

Application

A.   *They speak too fast for me.*

Jean-Paul: Well, did you like the [that] play?

Jenny: Yes, I was carried away not only by the play itself but also by the actors' performance and the staging.

Jean-Paul: You know, the actors of the Comédie Française are among the best in France. The entrance test [competition] is very strict.

Jenny: The actor who played the role of Alceste was truly brilliant.

Jean-Paul: Yes, it's a difficult part, and the entire interpretation of the play depends on it.

Jenny: I'm glad you suggested that I read the play last night.

Jean-Paul: It's in verse and I was afraid you might find it difficult to follow.

Jenny: It's true that the actors speak a little too fast for me.

Jean-Paul: Next time I'll take you to [see] an avant-garde play.

Jenny: Don't they do modern plays at the Comédie Française?

Jean-Paul: Yes, but it's the classical repertory especially that made it famous.

B.   *At the theater*

to get ⎫ ⎧ a ticket
to buy ⎬ ⎨ an orchestra seat
to obtain ⎭ ⎩ a balcony seat

there is a good cast

the curtain rises at 8 p.m.

to give a tip to the usher

the curtain ⎰ rises
⎱ falls

an actor
an actress [two ways] ⎰ plays (interprets) a role

during the intermission: ⎧ to go out
⎨ to smoke a cigarette
⎩ to chat

the spectators: ⎧ to be carried away ⎫
⎨ to applaud ⎬ after each act
⎩ to boo ⎭

204

The play is
{
areal hit (a great success).
a (total) failure.
sad, amusing, profound, light, interesting, boring.
}

At the movies

They are showing
{
a documentary (on . . .)
the news
a cartoon
a movie [film]
}
{
in color.
in black and white.
}

In the film, it's a matter of
{
an historical event.
a social problem.
a murder, theft.
}

It is
{
a comedy, tragedy
a (sentimental) drama
a detective movie
an experimental film
a spy story [film]
a western
a movie restricted to 18 year-olds or over
}
{
in the original version.
with subtitles.
dubbed in English.
made [filmed] in Rome.
}

the stars: to play
{
well
poorly
}

the director:
{
to direct the actors
to be known
}

Vingt-cinquième Leçon

Conversations

A. *At the ticket window*

Jean-Jacques:	Two first-class tickets to Dijon, please.
Employee:	Round trip?
Jean-Jacques:	No, two one-way tickets.
Employee:	There you are. It's 145 francs.
Jean-Jacques:	Thank you. Where can I reserve my seats?
Employee:	At window 5, on your right.

Application

A. *The trains are always on time.*

Jean-Paul:	Here we are. We still have five minutes before the departure.
Jenny:	Whew, I'm out of breath. Did we really have [need] to run?
Jean-Paul:	If we hadn't hurried, we would have missed the train; the trains are always on time.
Jenny:	It's a good thing you reserved [you did well by reserving] our seats in advance.
Jean-Paul:	Yes, I wouldn't have liked going from one compartment to another looking for empty seats.

Jenny:	You dropped your ticket . . . there, under the seat.
Jean-Paul:	Thanks. Do you still have yours? You'll need it to get out of the station.
Jenny:	I have it in my purse. By the way, how long did you say the trip took [lasted]?
Jean-Paul:	Just about three hours. If you're hungry, we'll [be abe to] eat in the dining car.
Jenny:	[A] Good idea! It'll be nice to have lunch looking at the countryside. Where is the dining car?
Jean-Paul:	Three cars ahead of us.

B. *At the station*

to look at [consult] the schedule and choose a train

to go to the ticket window and buy tickets

a $\begin{Bmatrix} \text{round-trip} \\ \text{one-way} \end{Bmatrix}$ $\begin{Bmatrix} \text{first-class} \\ \text{second-class} \end{Bmatrix}$ ticket

at the (automatic) baggage check: to leave $\begin{Bmatrix} \text{one's luggage} \\ \text{one's suitcase} \end{Bmatrix}$ for a certain time

The tickets are checked $\begin{Bmatrix} \text{before one arrives on the platform.} \\ \text{in the train.} \\ \text{when one leaves the station.} \end{Bmatrix}$

The $\begin{Bmatrix} \text{platforms} \\ \text{tracks} \\ \text{trains} \\ \text{compartments} \end{Bmatrix}$ are numbered.

In the train, there is $\begin{Bmatrix} \text{a locomotive.} \\ \text{a coach [two ways].} \\ \text{a} \begin{Bmatrix} \text{snack} \\ \text{dining} \end{Bmatrix} \text{car.} \\ \text{a sleeper (pullman).} \end{Bmatrix}$

In the compartment, there are (is) $\begin{Bmatrix} \text{windows.} \\ \text{seats.} \\ \text{(luggage) racks.} \\ \text{a door (between the compartment and the aisle).} \end{Bmatrix}$

There are all kinds of trains: $\begin{Bmatrix} \text{the local train [commuter].} \\ \text{the express train.} \\ \text{the limited.} \\ \text{the freight train.} \end{Bmatrix}$

Vingt-sixième Leçon

Conversations

A. *I smell nothing.*

Daniel: Happy birthday! Here's a kiss. Here's a bouquet for you.

Jeanne:	Oh, what beautiful roses!
Daniel:	They're very beautiful.
Jeanne:	Thank you very much, Daniel. Hmm . . . what a nice [pleasant] fragrance! They smell so good!
Daniel:	Unfortunately, I smell nothing. I have a cold.

B. *Hurry up!*

Jean-Paul:	What, you aren't ready yet?
Monique:	Just a minute!
Jean-Paul:	You're making me wait too long.
Monique:	We have all the time we want!
Jean-Paul:	That's what you think. Look at your alarm. It's stopped.
Monique:	Oh! I'll have to get it fixed.

Application

A. *What a contrast, all the same!*

Jenny:	I haven't smelled the good smell of the countryside for a long time.
Jean-Paul:	It's good [It does one good] to leave the city from time to time.
Jenny:	Are all those vine plants?
Jean-Paul:	Yes, but over there, higher up, [those] are cherry and pear trees.
Jenny:	Your grandfather was saying this morning that I was in [good] wine country.
Jean-Paul:	That's true; I must have you taste the wines of the Layon. They are tasty and fruity.
Jenny:	What a contrast, just the same. Yesterday, while visiting the châteaux, I was picturing the magnificent life of the Renaissance lords . . .
Jean-Paul:	And today, here we are in the quiet of a provincial village.
Jenny:	It's a restful scene [landscape], but a little melancholy, all the same.
Jean-Paul:	We'll [You'll] have to come back in the grape-harvest season and I must [I will] have you drink some fresh [new] wine.

B. *On the farm*

the {farmer / grower} : to plow {the field / the soil, earth} with machines

to sow, to plant, to harvest {wheat / corn} in the field

in the garden: to grow [two ways] {flowers / vegetables}

In the orchard, there are { cherry trees (cherry). / pear trees (pear). / apple trees (apple). / peach trees (peach). }

the fruits: {to ripen / to be ripe}

In the barnyard there are { ducks.
turkeys.
geese.
roosters, hens, and chicks.

There are { horses
sheep
pigs
steers and cows } { in the stable.
in the meadow.
in the pasture.

to give { drink
food } to one's cattle

Vingt-septième Leçon

Application

A. *What do you think of us?*

Jean-Paul: What do you think of your stay in France?

Jenny: I read a lot, I saw many things, but I'm only beginning to know France a little.

Jean-Paul: Tell me, anyway: what struck you most?

Jenny: It's hard to express clearly all my impressions, but first of all it's the contrast between the past and the present.

Jean-Paul: France is an old country. One constantly feels the influence of the past [there].

Jenny: For a long time France has been known for its literature, its fine arts, its cooking, its high fashion . . .

Jean-Paul: And it also has all the problems of a modern nation: the housing crisis, pollution, unemployment, the energy crisis, the rising [increase in the] cost of living . . .

Jenny: Oh, another thing: what struck me about the French is the mixture of patriotism and a critical mind.

Jean-Paul: I must say you are very observant [a good observer].

Jenny: That's not surprising; I've been under [undergoing] your influence for the past six months!

B. *At the post office*

to buy { ten (50 centime, 1 franc) stamps
postcards

to buy
to cash } a postal money order

to send { a letter, a (post) card
a telegram
a package (printed matter)
a postal money order

There are windows for $\begin{cases} \text{stamps.} \\ \text{packages.} \\ \text{registered letters.} \\ \text{general delivery.} \end{cases}$

to $\begin{cases} \text{mail a letter} \\ \text{put a letter in a mailbox} \end{cases}$

to write $\begin{cases} \textit{general delivery} \\ \textit{please forward} \end{cases}$ on the envelope

How much does it cost to send this letter (card) by airmail to the United States?

Where can I register this letter?

Where is the mailbox?